2015年国家社会科学基金青年项目"审计信息化背景下我国养老保险基金联网审计系统建构研究"（项目批准号：15CJY007）

2018年江西省自然科学基金管理科学项目"大数据技术视角下社保基金数字化联网审计系统建构及其应用研究"（项目批准号：2018BAA208009）

九江学院一流学科建设："工商管理学科"

中国养老保险基金联网审计系统建构研究

张永杰 罗忠莲◎著

中国社会科学出版社

图书在版编目（CIP）数据

中国养老保险基金联网审计系统建构研究/张永杰，罗忠莲
著 . —北京：中国社会科学出版社，2019.10
ISBN 978 – 7 – 5203 – 4305 – 3

Ⅰ . ①中… Ⅱ . ①张… ②罗… Ⅲ . ①养老保险基金—审计—
管理信息系统—研究—中国 Ⅳ . ①F239.65 – 39

中国版本图书馆 CIP 数据核字（2019）第 075190 号

出 版 人	赵剑英
责任编辑	王 曦
责任校对	张纬溪
责任印制	戴 宽

出 版	中国社会科学出版社
社 址	北京鼓楼西大街甲 158 号
邮 编	100720
网 址	http：//www.csspw.cn
发 行 部	010 – 84083685
门 市 部	010 – 84029450
经 销	新华书店及其他书店

印刷装订	北京君升印刷有限公司
版 次	2019 年 10 月第 1 版
印 次	2019 年 10 月第 1 次印刷

开 本	710×1000 1/16
印 张	14
插 页	2
字 数	163 千字
定 价	69.00 元

凡购买中国社会科学出版社图书，如有质量问题请与本社营销中心联系调换
电话：010 – 84083683

摘　　要

　　养老保障是国家治理体系的一个重要子系统，是推动国民经济和社会发展的重要支柱，养老保险基金是关乎国计民生、经济发展和社会和谐安稳的战略性保障资金。近些年，我国各级审计机关逐步加强了养老保险基金审计监管，从整体上实现了养老保险基金的平稳运行。然而，审计信息化背景下我国的养老保险基金审计监管需求发生了重大变化，信息化技术与互联网技术日新月异，对新时代养老保险基金审计监管提出了巨大的挑战。因此，为有效保障养老保险基金的安全、完整与规范运行，为增强养老保险基金的保值增值能力，更为提高养老保险基金的审计监管效能，当前亟须加快养老保险基金审计监管模式创新。鉴于此，本书研究认为，现阶段充分利用信息化技术与互联网技术探索建构与我国养老保险基金审计业务发展需求相适应的养老保险基金联网审计系统，加快推进养老保险基金审计技术与审计方法创新，逐步提高养老保险基金审计技术含量，是关系到养老保险基金安全完整、国民经济持续稳健发展与社会和谐安稳的重大战略问题。

　　"十二五"期间，我国养老保险制度体系日臻完善，养老保险事业蒸蒸日上，养老保险覆盖范围、养老保险基金收支与累计结余规模日益壮大。随着"金保工程"的深入推进，我国各地区养老保险经办管理机构的信息化管理水平不断提升，信息化建设能力逐步提高，被审计单位的海量养老保险基金数据主要以电子数据格式集中存储在大型数据库系统中，这不仅增加了养老保险基金审计业务量，还改变了审计数据的存储形式，使审计对象信息化，从而大大增加了审计机关搜集审计证据的成本与难度，审计监管风险也随之增加。例如，电子数据审计具有较高的风险隐患，在数据采集和传输过程中容易遭受数据篡改，被审计单位在信息化环境下产生的电子数据舞弊行为具有较强的隐蔽性，存在高技术、高智力和高危害等特性，因而显著增加了审计监管难度与审计风险。换言之，信息化技术的迅速发展使养老保险基金审计环境变得越来越复杂，审计对象也由传统的账本数据逐渐转变成电子化数据。"十三五"期间，我国将建立健全更加公平与可持续的养老保险制度体系，养老保险基金收支与累计结余规模将继续壮大。随着各地社会保险全民参保计划的全面落实，养老保险基金数据规模将进一步扩大，即将迎来养老保险基金大数据时代，这必然对养老保险基金审计监管产生新的压力和挑战。我国现行的养老保险基金审计实务中以账本查账、现场审计和计算机辅助审计为主的审计方式已难以解决信息化新形势下审计机关面临的各种新问题，养老保险基金审计环境和审计对象的变化必然要求审计监管方式发生相应变化。借助信息化技术建立健全养老保险基金联网审计系统，探索计算机联网审计新模式的应用途径与实现方法势在必行。

养老保险基金大数据时代即将到来，这为养老保险基金联网审计研究提供了良好的契机。2011 年新的《社会保险法》实施为我国养老保险事业发展创造了新高点。当前我国各级审计机关正在大力开展计算机联网审计实践，积极探索计算机联网审计的应用途径、开展思路与实现方法。为此，本书立足于现阶段我国养老保险基金审计监管的现实需求，结合养老保险基金业务发展特征，基于审计信息化背景，综合运用社会保障学、审计与计算机等相关学科的理论知识，采用文献研究法、规范研究法、比较研究法和主体分析法等多种研究方法，对养老保险基金联网审计系统建构问题进行了较为深入的研究。本书研究的主要目的是探索建构一个能够对养老保险基金进行远程监督和动态审计的联网审计系统，为审计机关尤其是地方审计机关开展养老保险基金联网审计实践提供相关的借鉴与启示，继而推进我国养老保险基金审计监管模式由"单一审计＋静态审计"向"联网核查＋动态审计"的飞跃转变，逐步提高养老保险基金审计技术含量，助推新时代养老保险基金审计信息化更好更快的发展。围绕主要研究目的，本书将研究如下七个部分内容：

第一部分为导论，详细地阐述研究背景、研究意义、研究目的、研究内容、研究思路与研究方法；第二部分为国内外文献回顾，采用文献研究法对国内外关于计算机联网审计与养老保险基金审计相关的研究文献进行系统地梳理、归纳、总结和评述，以把握相关领域的研究现状、动态及发展趋势；第三部分为养老保险基金联网审计系统建构的理论概述，通过对养老保险基金联网审计系统建构的基础理论、关键概念、主要特征、目标定位及其基本原理展开理论概述，构建一个基本的理论框架，为后续研究奠定理论基础；第四部分为养老保险基金联网审计重点内容与方法体系，一方面从养老保险基金征缴、支付和管理审计以及养老保险基金重大政策落实跟踪审计、养老保险基金预算执行情况审计和养老保险基金管理绩效评估审计四个层面剖析养老保险基金联网审计的重点内容（审计范围），另一方面基于养老保险基金业务经办的基本流程分析构建养老保险基金联网审计方法体系；第五部分为养老保险基金联网审计系统总体架构设计，这是本书研究的核心内容，主要采用主体分析法从基础设施层、数据管理层、基础应用层、绩效评价层和安全监管层五个层面入手，系统地探究养老保险基金联网审计系统的总体架构设计及其功能模块；第六部分为养老保险基金联网审计实现流程与效果评估，主要从审计计划、审计实施与审计终结三个阶段分析养老保险基金联网审计的实现流程，并基于"成本—效益"分析视角对养老保险基金联网审计的效果评估指标与评估方法展开探索性研究；第七部分为研究总结，根据研究结果归纳提炼研究结论，总结相关的研究启示，阐述主要创新与研究局限，并提出养老保险基金联网审计领域的未来研究展望。

本书对上述问题的研究，不仅有助于从理论上充实养老保险基金联网审计领域的研究文献，进一步拓展前人的研究成果，丰富养老保险基金联网审计领域的理论研究新知，还有助于为审计机关在审计信息化时代开展养老保险基金联网审计实践提供相关的理论参考与借鉴，并有助于从实践上推动我国养老保险基金审计技术与审计方法创新，逐步优化养老保险基金审计技术与审计方法体系，促进养老保险基金联网审计实践发展，改变养老保险基金审计方式滞后及审计监管效率不高的现状，进而实现理论研究与实践发展两个轮子一起转，助推"十三五"时期审计机关早日实现养老保险基金常态化监督、动态性审计与全覆盖审计。

具体而言，本书在对上述问题的研究过程中得出了以下四点研究结论：

第一，计算机联网审计有效拓展了养老保险基金审计的重点内容与审计范围。运用计算机联网审计不仅可以实现养老保险基金征缴、支付和管理等各项业务环节审计，还可以开展养老保险基金重大政策落实情况跟踪审计、养老保险基金预算执行情况审计以及养老保险基金管理绩效评估审计，从而既能够保障养老保险基金的安全性和完整性，又能够提高养老保险基金的使用效益和管理绩效。

第二，计算机联网审计系统是提高养老保险基金审计效率的有力保障。探索构建养老保险基金联网审计系统，能够促进养老保险基金审计监管模式由"单一审计＋静态审计"向"联网核查＋动态审计"的飞跃转变，从而能够有效增强审计机关利用计算机联网审计技术审查问题、分析问题和解决问题的实战能力。

第三，养老保险基金联网审计系统总体架构设计应当考虑绩效评价功能。将绩效评价层纳入养老保险基金联网审计系统总体架构，能够客观、公正评价养老保险基金联网审计成效，从而强化养老保险基金联网审计质量监督与成本控制。

第四，强化整体风险监控是养老保险基金联网审计安全监管的关键策略。安全监管应当贯穿养老保险基金联网审计项目实施整个过程，强化整体风险监控是养老保险基金联网审计安全监管的关键策略。养老保险基金联网审计系统安全监管不仅要考虑系统运行安全、网络安全、基础设施安全以及数据采集等审计数据安全，还要利用审计预警技术构建养老保险基金联网审计系统风险监控模型。

根据本书的研究过程和研究结论，可以得出以下三点研究启示：

第一，养老保险基金联网审计系统建构是一项复杂的信息化工程。首先，政府部门需加快出台养老保险基金联网审计制度规范，做好政策引导，加快部署运行；其次，审计机关需加强计算机审计技能培训，大力培养联网审计专业人才，探索养老保险基金联网审计思路与方法；再次，被审计单位需加强信息化建设，提高信息化管理水平；最后，软件开发公司需严格履行软件开发合同，遵守保密承诺，与政府部门和审计机关共同协商审计软件开发与应用方案。此外，理论界需加强理论创新研究，为养老保险基金联网审计实践提供理论参考和借鉴。

第二，通过计算机联网审计开展养老保险基金财务收支审计与绩效审计相结合审计。随着绩效管理与绩效审计理念的深入发展和广泛推行，养老保险基金绩效审计将成为各级审计机关面临的一项重要任务。当前，我国在养老保险基金绩效审计方法方面较滞后，运用计算机联网审计方法开展养老保险基金财务收支审计与绩效审计相结合审计，将是我国养老保险基金审计发展的一个必然趋势。

第三，在养老保险基金联网审计过程中有必要推行全面风险监管。未来随着养老保险基金联网审计的全面开展与纵深推进，审计机关在养老保险基金联网审计过程中有必要推行全面风险监管，建立健全养老保险基金联网审计全面风险监管体系，根据养老保险基金联网审计总体目标制定各个阶段的审计风险监管策略与风险应对方案、构建专门的养老保险基金联网审计风险监管信息系统等。

相较于以往研究，本书的研究贡献主要体现在以下五个方面：

第一，构建了养老保险基金联网审计理论框架，完善了相关领域的理论研究体系。本书在国内外文献回顾基础上，对养老保险基金联网审计系统建构的基础理论、关键概念与主要特征、养老保险基金联网审计基本原理进行了理论概述，构建了养老保险基金联网审计理论框架。尤其是重新界定了计算机联网审计、养老保险基金联网审计的基本概念，提出了学术见解，从而有利于从系统建构角度拓展和丰富养老保险基金联网审计理论研究文献，完善相关领域的理论研究体系。

第二，构建了养老保险基金联网审计方法体系，对现有文献进行了重要补充。本书结合养老保险基金联网审计的重点内容以及养老保险基金业务经办的基本流程，构建了养老保险基金联网审计方法体系，有利于为审计机关开展养老保险基金联网审计实践提供基本的审计方法内容框架，从而辅助审计机关把握养老保险基金征缴、支付和管理审计等各项审计重点中的审计覆盖节点。

第三，提出了审计数据挖掘的基本程序，丰富了养老保险基金联网审计关键实现技术研究。本书在养老保险基金联网审计系统基础应用层中，探讨了养老保险基金联网审计数据挖掘的基本思路与程序，这不仅有利于丰富养老保险基金联网审计的关键实现技术研究文献，还有利于为现有研究提供一个新的视角。

第四，将绩效评价纳入养老保险基金联网审计系统，补充了现有文献的不足。目前，尚无文献在养老保险基金联网审计系统架构设计中探讨审计绩效评价功能。本书将审计绩效评价层纳入养老保险基金联网审计系统总体架构中，有利于补充现有文献的研究不足，进一步拓展养老保险基金联网审计系统功能研究。

第五，构建了养老保险基金联网审计风险监控模型，凸显了研究特色。本书在养老保险基金联网审计系统安全监管层中，基于整体风险监控视角构建了事前审计风险预警、事中审计风险管控和事后审计风险治理"三位一体"养老保险基金联网审计整体风险监控的理论模型，凸显了本书研究中的一个重要特色。

目　　录

导　　论

一　研究背景与研究意义

（一）研究背景

审计信息化（信息化审计）是指充分利用信息化技术开展审计业务的信息系统。审计作为一个历史悠久的职业，其最初的基本职能是通过账本检查监督财政、财务收支活动的真实性、合法性和效益性。然而，从 20 世纪 80 年代以来，以查账为主要手段的审计职业受到计算机技术的重大挑战。从 20 世纪 90 年代开始，伴随着信息技术的迅速发展与会计电算化的日益普及，我国审计模式逐步由传统的手工账本式审计转向计算机辅助审计（CAAT），审计机关开始逐渐利用计算机技术辅助性地开展一些现场审计业务。同时，随着社会经济的不断发展，科技进步的日新月异，审计的基本职能也开始由传统的账本查账功能逐步转向对被审计单位各项业务工作的经济性、效率性和效果性进行审查。这意味着信息化技术的发展促使审计机关的审计范畴由单一的财政、财务收支审计拓展到被审计单位各类业务数据审计。自从美国 2001 年安然公司（Enron Corporation）以及 2002 年世界通信公司（WorldCom）会计舞弊案件曝光之后，美国 2002 年颁布了《萨班斯法案》（Sarbanes – Oxley Act，SOX），世界各国政府从此开始高度重视充分发挥审计的监督职能。

我国政府也不例外，例如国务院国有资产监督管理委员会、中国银行业监督管理委员会以及各行各业相关主管机关相继发布了内部审计管理要求，这有力地推进了国家审计信息化的发展进程。

1998 年，中华人民共和国审计署（以下简称"审计署"）提出国家审计信息化建设意见，并着手规划和筹备国家审计信息化系统建设项目（简称"金审工程"）；2001 年，审计署在《审计信息化建设总体目标和构想》中明确提出了计算机联网审计的基本目标与总体规划；2002 年，国家发展和改革委员会批准了"金审工程"一期项目开工申请，并下达 2002 年中央预算内基建投资 5000 万元作为"金审工程"一期项目专项建设资金，这表明我国审计信息化系统建设项目正式启动；2003 年，审计署颁布《审计署 2003 年至 2007 年审计工作发展规划》，明确指出了"加强对审计信息系统建设的规划、管理、组织和协调"，这对我国审计信息化建设内容提出了更加详细的要求；2004 年，审计署以"金审工程"项目建设为背景，在计算机审计实践研究的基础上成立了"计算机联网审计技术研究与应用"项目，明确提出了"金审工程"的总体目标，这标志着我国计算机联网审计正式启动了科研攻关模式。历经二十年的实践与探索，"金审工程"前两期建设成效十分显著。当前，"金审工程"第三期建设如火如荼，并根据国家大数据发展战略指引，进一步推动着国家审计数据中心和省级审计数据中心建设，大力探索数据挖掘和人工智能分析等大数据技术在计算机联网审计中的实践应用，以促进大数据技术与联网审计融合发展。2018 年 3 月 30 日，国家审计署召开"金审工程"三期建设推进培训会，胡泽君审计长作了主题为《坚持科技强审之路、扎实推进金审工程，以信息化推动新时代审计事业新发展》的讲话，明确提出了"充分认识加强信息化建设对新时代审计事业发展的重要性和紧迫性。加强信息化建设是审计实践探索的成功经验，是适应时代发展的必然选择，是实现审计全覆盖的必由之路""以'金审工程'三期建设为契机，推动审计信息化建设再上新台阶"。由此可知，现阶段我国已步入全面审计信息化新时代，审计信息化建设覆盖了国家、行业、企业组织以及审计工作者等各个维度以及国家审计、社会审计、企业内部审计和信息安全审计等各个领域。全面实施信息化审计是新时代实现科技强审目标的重要路径，建立健全数据全覆盖的计算机联网审计系统是当前我国审计信息化建设的重要目标，搭建养老保险基金联网审计系统是当前我国审计信息建设的重要内容，是推进养老保险基金审计技术与审计方法创新的重要体现。

在过去三十多年里，中国同时取得了经济持续高速增长与社会保障持续快速发展的双层成就，这是将社会保障作为改善民生的重要治理工具所产生的积极结果（郑功成，2018）。养老保障是国家治理体系的一个重要子系统，是推动国民经济和社会发展的重要支柱，养老保险基金是关乎国计民生、经济发展和社会和谐安稳的战略性保障资金（郑秉文，2014）。审计监管是保障养老保险基金规范管理和有效运行的重要举措。养老保险基金审计是国家审计的重要内容，如何发挥养老保险基金审计的作用一直是我国各级审计机关非常关注的问题。近些年，养老保险基金审计在促进经济发展、维护民生利益和保障社会稳定等各方面都发挥着重大的作用。而且，随着我国养老保险制度体系的不断完善，养老保险基金审计监管问题必将得到进一步加强。然而，尽管近些年我国的养老保险基金在整体上实现了平稳运行，但由于当前很多审计机关缺乏有效的实时审计监管系统，养老保险基金审计监管方式跟不上审计信息化时代的发展要求，传统以查账为主要手段的审计方式显然已无法适应养老保险基金审计新形势的发展需要，加上有效的管理与监督机制缺失，养老保险基金安全监管措施不到位，导致很多地区在养老保险基金管理中仍然存在许多薄弱环节，养老保险基金在征缴、支付、使用、监管和投资运营等各个方面都出现了一系列问题，例如虚报征缴收支、待遇支付拖延、基金瞒报漏报、重复领取养老待遇、重复参保和基金保值增值能力偏弱等，相关监管部门依然存在基金非法侵占、违规出借、截留挪用和违规支付养老金等违规违纪行为，这无疑将影响养老保险基金的安全与完整。与此同时，养老保险基金审计业务量的不断增加也给审计机关带来了巨大挑战。如图 0-1 所示，2013—2017 年，我国基本养老保险参保人数、基金总收入、基金总支出和年末基金结存四项指标均呈现逐年递增趋势。其中，养老保险参保人数由 2013 年 81968 万人增加到 2017 年 91548 万人，平均每年增加 1916 万人；养老保险基金收入由 2013 年 24733 亿元增加到 2017 年 46614 亿元，平均每年增加 4376.2 亿元；养老保险基金支出由 2013 年 19819 亿元增加到 2017 年 40424 亿元，平均每年增加 4121 亿元；养老保险基金结余由 2013 年 31275 亿元增加到 2017 年 50202 亿元，平均每年增加 3785.4 亿元。这些指标充分表明近五年来我国养老保障事业发展迅速，养老保险覆盖率和养老保险基金收支、累计结余规模与日俱增，这为养老保障事业可持续发展提供了强有力的资金保障，但同时也增加了审计业务量，审计监管难度与审计风险也随之增加。由此可知，在审计信息化时代加强养老保险基金审计监管方式创新，探索具有多维审计、实时审计和动态审计等优势的计算机联网审计在养老保险基金审计监管中的应用途径与实现方法势在必行。

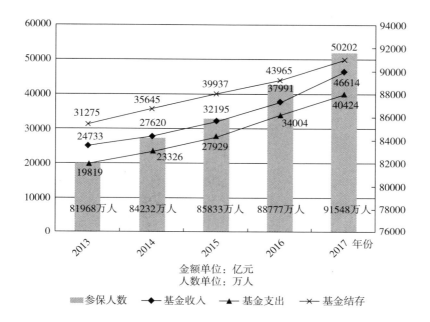

图 0-1　养老保险参保人数与养老保险基金收支、

结存趋势（2013—2017 年）

注：主坐标为金额的刻度，用折线图表示；次坐标为人数的刻度，用柱状图表示。

资料来源：2013—2017 年中国人力资源和社会保障事业发展统计公报。

此外，中国人口老龄化问题越来越严重，这在客观上要求我国的养老保险退休服务能力以及养老保险基金国家统筹支付水平及其保值增值能力不断提高，进而对养老保险基金审计监管效率提出了新的挑战。随着人口老龄化问题的加剧，我国基本养老保险基金国家统筹支付压力逐渐变大，养老保险基金缺口对养老风险的影响问题值得重视。正如邓大松等（2008）研究指出，在中国人口老龄化加速的基本环境下，养老风险是每个人都需要面临的一种客观存在风险，我国基本养老保险基金缺口加大是产生养老风险的重要原因之一。为此，本书将根据我国人口老龄化水平进一步分析提高养老保险基金审计监管效率的必要性与紧迫性。从整体上而言，关于我国现阶段人口老龄化问题的最新相关研究表明，近十几年来，随着社会经济的迅速发展，老年人的生活质量和养老保险服务保障水平在不断提高，同时我国人口老龄化问题也越来越严重，人口老龄化比例呈现逐年增长的趋势，这对养老保险基金的保值增值能力提出了新的要求。

例如，刘学良（2014）研究认为，提高养老保险基金投资收益率一定程度上有助于降低人口老龄化产生的养老金支付压力。丁洋和郑江淮（2018）的研究数据统计分析显示，2000—2015 年，我国65 岁以上的老年人口比例从 6.96% 上升至 10.47%，年均增长率为0.23%。又如，范洪敏和穆怀中（2018）的研究结果表明，2015年世界 65 岁以上的老年人口平均比例为 8.3%。然而，我国 2015年 65 岁以上的老年人口比例却达到了 10.5%。这说明 2015 年我国人口老龄化比例高于世界人口老龄化平均比例。同时，马驰等（2017）研究认为，人口老龄化问题是贯穿于我国 21 世纪的基本国情，发展老龄事业任重道远，并指出，根据预测我国老年人口数量到 2020 年将达到 2.55 亿，占总人口的 17.8%；到 2053 年，老年人口规模将达到峰值 4.87 亿，占比 34.9%。昌忠泽（2018）研究认为，人口老龄化问题对我国社会保险和养老保障体系形成了巨大压力，尤其对传统的以家庭养老为主的社会养老模式提出了较大挑战。柳清瑞和孙宇（2018）研究认为，我国已进入人口老龄化比例快速增长时代，人口老龄化问题产生的危机日趋加剧。由此可知，当前我国面临着越来越严重的人口老龄化问题，这不仅要求不断增强养老保险基金国家统筹支付能力，提高养老保险退休服务水平与养老保险退休金基本保障水平，还要求政府相关部门加大养老保险基金监管力度，不断提高养老保险基金监管效率，增强养老保险基金保值增值能力。毋庸置疑，审计监管在我国养老保险基金监管体系中占据着十分重要的地位，应当充分发挥审计在养老保险基金监管中的积极作用。尤其在信息技术日新月异的信息化时代，更需要充分借助联网技术探索建构与我国养老保险基金审计业务发展需求相适应的计算机联网审计系统，为审计机关提供实用可靠的 IT 审计平台，进一步提高养老保险基金审计监管效率，充分发挥养老保险基金审计监管的重要作用，最终适应人口老龄化和审计信息化时代对养老保险基金审计监管提出的挑战和要求。

综上所述，本书研究认为，为确保规模日益壮大的养老保险基金能够安全、完整地实现保值增值，提高养老保险基金审计监管效能，增加养老保险基金审计技术含量，增强审计机关运用联网技术审查问题、分析问题和解决问题的能力，必须在审计信息化时代充分利用信息化技术建立健全养老保险基金联网审计系统。鉴于此，本书将立足于现阶段我国养老保险基金审计监管的现实需求，结合养老保险基金业务发展特征，基于审计信息化背景选取养老保险基金联网审计系统建构作为研究对象，在梳理、归纳、总结和评述国内外相关研究文献的基础上，对养老保险基金联网审计系统建构中涉及的基础理论、关键概念及其主要特征等基本理论内容进行系统的阐述与分析，以形成本项目的理论研究框架，并对养老保险基金联网审计的重点内容（审计范围）、方法体系以及养老保险基金联网审计系统的总体架构、实现流程及其效果评估展开细致地研究，据此得出相关研究结论与研究启示。对以上问题的研究不仅有助于完善我国养老保险基金联网审计理论研究，还有助于逐步优化养老保险基金审计技术与审计方法体系，促进养老保险基金联网审计实践发展,实现理论研究与实践发展两个轮子一起转,推动我国审计机关早日实现养老保险基金常态化监督、动态性审计与全覆盖审计。

（二）研究意义

本书研究认为,基于审计信息化背景探索养老保险基金联网审计系统建构的必要性至少体现在如下三个方面:一是加快养老保险基金审计监管模式创新的客观需要。因为实施计算机联网审计有助于弥补当前我国大多数审计机关存在的审计成本高、审计效率低的"孤立式"审计作业模式,从而有助于推动审计机关加快创新养老保险基金审计监管模式,充分发挥审计的监督职能。二是推进养老保险基金审计信息化建设的现实需要。如何高效率地监管规模日趋壮大的养老保险基金,并确保养老保险基金安全、完整和规范运行,成为社会各界关注的焦点问题,也是当前我国各级审计机关面临的一道现实难题。建立健全养老保险基金联网审计系统,有助于实现养老保险基金实时审计与动态监督,促进审计机关解决现实难题。三是迎合养老保险基金审计发展趋势的必然需要。计算机联网审计方式能够实现审计数据联网存储、审计资源整合与信息共享。从审计技术与审计方法创新的角度而言,养老保险基金联网审计系统建构有助于为审计机关提供高效率的数据共享与协同审计平台,这是迎合我国养老保险基金审计发展趋势的重点方向和必然需要。综上可知,建立健全养老保险基金联网审计系统势在必行。

审计信息化是审计工作的"生命线",计算机联网审计是当前我国审计信息化建设的重点与核心。鉴于在审计信息化时代研究计算机联网审计的重要性与紧迫性,并基于现阶段我国养老保险基金审计技术与审计方法较滞后、养老保险基金联网审计相关的理论创新研究较少的基本现状，本书基于审计信息化背景，以养老保险基金联网审计系统建构为研究对象，拟在理论上取得如下四个方面的研究进展：第一，把握养老保险基金联网审计系统建构的理论基础，重新界定养老保险基金联网审计的基本概念，提出学术见解；第二，基于现场审计与计算机联网审计两种审计方式的对比研究，提炼出养老保险基金联网审计的主要特征；第三，在明确界定养老保险基金联网审计重点内容的基础上构建养老保险基金联网审计方法体系；第四，系统地提出养老保险基金联网审计系统总体架构设计思路及其功能模块包含的理论模型，并对养老保险基金联网审计实现流程与效果评估展开探索性研究。具体而言，本书研究的理论意义和实践意义主要有以下几个方面：

1. 理论意义

（1）国家审计信息化建设的前期成果为本书开展养老保险基金联网审计研究奠定了良好的基础，但目前我国在养老保险基金联网审计系统建构方面的理论研究明显滞后，理论研究跟不上实务发展脉络问题有待解决。然而，本书在系统回顾国内外相关研究文献的基础上，对养老保险基金联网审计系统建构问题所涉及的基础理论、关键概念以及与关键概念相关的主要特征进行了详细的理论阐述，由此建立了养老保险基金联网审计系统建构的理论框架，从而有利于完善养老保险基金联网审计系统建构领域的理论研究内容。尤其，本书还构建了养老保险基金联网审计的方法体系，这是对现有理论研究的一个重要补充。

（2）本书从养老保险基金联网审计系统的基础设施层、数据管理层、基础应用层、绩效评价层和安全监管层五个层面提出了养老保险基金联网审计系统总体架构设计思路，分析了各层架构功能模块所包含的内容与理论模型。前期大量文献主要对养老保险基金联网审计关键实现技术进行了研究，本项目的研究是对前期研究成果的深化与拓展，有助于为养老保险基金联网审计提供理论支撑。

（3）本书的研究有利于从整体上拓展和丰富养老保险基金联网审计系统建构领域的研究文献，并有利于完善我国养老保险基金联网审计的理论研究体系。纵观既有的相关研究可知，目前我国在养老保险基金联网审计系统建构方面积累的研究文献较少，仅有的一些研究也较为分散，且缺乏整体的理论框架和研究体系，即较少学者系统而深入地探究养老保险基金联网审计系统建构问题。为此，本书的研究不仅有利于从整体上拓展和丰富养老保险基金联网审计系统建构相关的研究文献，还有利于促进养老保险基金联网审计理论研究体系的完善。

2. 实践意义

（1）当前，尽管我国部分省市地方审计机关在养老保险基金联网审计方面开展了大量的实践与探索，并取得了良好的成效，但在整体上依然存在由于缺乏系统的理论指导而导致实践进程受阻的问题。为此，本书的研究有利于为各地审计机关开展养老保险基金联网审计实践提供相关的理论依据和理论启示，从而发挥理论指导实践的作用，最终有利于推进我国养老保险基金联网审计实践发展进程，早日改变养老保险基金审计技术与审计方法滞后、审计效率不高的现状。

（2）本书研究所取得的相关成果对政府有关部门在"十三五"时期制定养老保险基金联网审计方面相关政策具有一定的理论借鉴和参考意义，进而有利于政府有关部门结合我国养老保险基金联网审计的理论发展现状加快制定相关政策，进一步完善养老保险基金联网审计制度规范，在实务中为审计机关开展养老保险基金联网审计实践提供有力的制度保障，在理论上为学术界开展养老保险基金联网审计理论研究提供明确的制度依据，最终有利于从审计政策制度层面全面推进养老保险基金实时审计与动态审计，加快促进养老保险基金审计技术与审计方法创新，对实现养老保险基金审计全覆盖具有重要的科学意义和实践价值。

（3）从国民经济和社会发展的视角分析，养老保障是推动国民经济和社会发展的重要支柱，养老保险基金是国计民生的战略保障资金。借助计算机联网审计技术提高养老保险基金审计监管效能，确保养老保险基金安全、完整和保值增值，是促进国民经济和社会发展的一项科学举措。本书研究计算机联网审计技术在养老保险基金联网审计中的应用，有助于增强审计机关的计算机联网审计能力，为审计机关实时把握养老保险基金的宏观运行状态及其微观监管状况提供审计证据，更为揭露养老保险基金违规违纪行为、打击养老保险基金犯罪行为提供技术支持，为社会和谐建设保驾护航，进而推动"十三五"时期国民经济和社会稳定、持续、健康发展，体现了本书研究在促进国民经济和社会发展方面具有的实践意义。

二　研究目的与研究内容

（一）研究目的

养老保险是社会保障体系中最重要的一项制度安排，一个国家或地区的社会保障制度成败很大程度上取决于养老保险制度成败（郑功成，2010）。毋庸置疑，养老保险如此重要的地位必然决定了养老保险基金的重要性。养老保险基金是确保我国养老保险制度乃至整个社会保障制度体系正常运行的重要物质基础。基于审计信息化背景加快创新养老保险基金审计方法，提高养老保险基金审计监管效率，无论从理论研究还是从实务发展层面而言，都具有重要的意义。

从理论研究层面而言，目前，我国关于计算机联网技术在养老保险基金审计中的应用研究成果较少，关于养老保险基金联网审计系统建构方面的研究更为稀缺，且仅有的相关研究（姜梅等，2007；姜梅和邢金荣，2008；陕西省审计厅课题组，2014；张永杰，2014；张永杰，2015）也比较分散，这与审计信息化时代养老保险基金审计发展形势格格不入，难以满足养老保险基金审计业务发展需求。为此，强化养老保险基金联网审计系统建构理论创新研究，逐步建立起完整的养老保险基金联网审计理论研究框架，完善该领域的理论研究体系极为重要。

从实务发展层面而言，"十二五"期间，我国各项养老保险制度运行平稳，养老保障事业发展迅速，养老保险基金收支规模日益壮大并保持着稳定的增长态势。"十三五"期间，养老保险基金收支与累计结余规模将继续壮大，我国将建立健全更加公平与更加可持续的养老保险制度体系，进一步加强对养老保险基金的审计监督。例如，2017 年度人力资源和社会保障事业发展统计公报显示，2017 年年末我国基本养老保险参保总人数为 91548 万人，比上年年末增加 2771 万人；全年基本养老保险基金总收入为 46614 亿元，比上年增长 22.7%；全年基本养老保险基金总支出为 40424 亿元，比上年增长 18.9%；年末基本养老保险基金累计结存 50202 亿元。由此可见，随着我国养老保险覆盖范围和养老保险基金收支、结余规模的不断扩大，养老保险基金监管问题日益突出，养老保险基金审计业务量与日俱增，审计难度和审计风险随之大大增加。虽然目前上至审计署下至地方各级审计机关（陕西省审计厅，2011；云南省审计厅，2011；宁夏回族自治区审计厅，2013；江苏省审计厅，2015；福州市审计局，2016）积极开展了养老保险基金联网审计实践，但大部分地方审计机关还处于初步探索阶段，养老保险基金审计方法较滞后，审计效率较低。为此，充分借助计算机联网技术建立健全养老保险基金联网审计系统，提升养老保险基金审计监管效能，加快养老保险基金审计技术与审计方法创新，助推养老保险基金审计监督实现全覆盖，适应养老保险基金审计信息化发展趋势，满足审计信息化新时代是对养老保险基金审计提出的新要求。

综上分析，基于养老保险基金联网审计理论研究滞后、实务发展需求紧迫这一现实背景，本书将以养老保险基金联网审计系统建构为研究对象，以审计信息化时代我国养老保险基金联网审计发展需求为现实导向，一方面对养老保险基金联网审计系统建构中涉及的基础理论和关键概念进行详细剖析，同时着重论述养老保险基金联网审计的基本概念、目标定位、基本原理、主要特征、重点内容与方法体系，据此建立本书研究所需的理论框架，以丰富养老保险基金联网审计理论研究文献，拓展养老保险基金联网审计理论研究内容；另一方面以养老保险基金联网审计系统总体架构设计为重点研究目标，着重从养老保险基金联网审计系统的基础设施层、数据管理层、基础应用层、绩效评价层和安全监管层五个层面进行架构设计，对其功能模块、实现流程和效果评估问题进行较为深入的探讨，以期能够为审计机关开展养老保险基金联网审计实践提供一定参考，增强审计信息化时代审计机关运用计算机联网技术开展养老保险基金审计业务的能力。

（二）研究内容

近些年，我国养老保险基金审计监管中出现了不少新问题，尤其是一些经常出现的问题没有得到有效解决，例如养老保险基金挤占挪用、养老保险退休待遇延迟发放和擅自变更养老保险基金支出范围等。造成上述问题的主要原因之一就是审计技术滞后，审计方法不能适应审计信息化发展的客观需要，审计监督职能得不得充分发挥。当前，实现养老保险基金规范运行的关键措施是实施信息化管理，我国各地养老保险基金的信息化管理水平正随着信息化发展而不断提高，这对审计技术与审计方法迎合新环境需要提出了新要求。因此，探索计算机联网技术的应用，通过计算机联网审计系统对养老保险基金进行在线审计和动态监管是改变养老保险基金审计技术与方法滞后的有效举措。根据本书的研究内容框架（如图0-2所示），本书基于审计信息化背景，以养老保险基金联网审计系统建构为研究对象，在系统回顾国内外相关文献的基础上，将研究内容框架主要划分成三个部分：一是理论概述部分，即对养老保险基金联网审计系统建构中所涉及的基础理论、关键概念及其主要特征进行理论概述，并对养老保险基金联网审计的重点内容与方法体系进行理论剖析，以构建本书研究所需的理论框架；二是总体架构部分，即从基础设施层、数据管理层、基础应用层、绩效评价层和安全监管层五个层面探究养老保险基金联网审计系统的总体架构及其功能模块；三是流程效果部分，即对养老保险基金联网审计的实现流程及其效果评估（评估指标体系构建与评估方法探讨）问题进行研究。综上，本书将基于以上三个部分内容的研究进行研究总结，最终得出研究结论和相关的研究启示，提出未来研究展望。

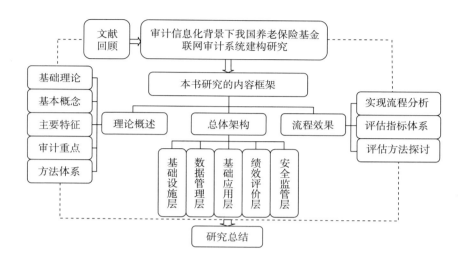

图 0 – 2　研究内容框架

除导论和研究总结之外，本书包括五章内容，各章内容安排如下：

第一章为国内外文献回顾。在本章中，采用文献研究法梳理、归纳、总结和评述国内外在计算机联网审计和养老保险基金审计领域的相关研究文献，系统地把握相关领域的研究现状、动态与发展趋势，以借鉴前人的研究经验。

第二章为养老保险基金联网审计系统建构的理论概述。在本章中，首先阐述养老保险基金联网审计系统建构中所涉及的养老保障理论、委托代理理论和受托责任理论三个基础理论；其次对养老保险基金、养老保险基金审计和计算机联网审计的基本概念与主要特征以及养老保险基金联网审计的基本概念与目标定位进行论述；最后对养老保险基金联网审计的基本原理及其主要特征进行分析。

第三章为养老保险基金联网审计重点内容与方法体系。在本章中，一方面将从养老保险基金征缴、支付和管理等基础性审计以及养老保险基金重大政策落实跟踪审计、养老保险基金预算执行情况审计和养老保险基金管理绩效评估审计四个层面详细地阐述审计信息化背景下养老保险基金联网审计的重点内容（重点审计事项）；另一方面将根据我国养老保险基金业务经办的基本流程和养老保险基金联网审计重点内容，探讨养老保险基金联网审计方法体系的构建。

第四章为养老保险基金联网审计系统的总体架构设计。在本章中，将在养老保险基金联网审计系统建构需求分析（现实依据、数据需求）的基础上提出养老保险基金联网审计系统总体架构设计思路。其中，养老保险基金联网审计系统建构的现实依据包括良好的制度保障和外部条件、重要的客观需求三个方面；养老保险基金联网审计系统建构的数据需求主要从数据性质、数据类型与数据来源三个角度加以分析。养老保险基金联网审计系统的总体架构涵盖基础设施层、数据管理层、基础应用层、绩效评价层和安全监管层五个层次，各个层次系统架构所包含的基本功能模块及其内容构成的探析是本章的研究重点与难点。

第五章为养老保险基金联网审计实现流程与效果评估。在本章中，关于养老保险基金联网审计的实现流程，是将其划分成审计计划、审计实施和审计终结三个基本阶段，并对各个阶段涉及的主要程序与审计机关应当重点把握的审计内容进行了阐述；关于养老保险基金联网审计的效果评估，是基于"成本—效益"分析视角，从养老保险基金联网审计成本和审计效益两个方面构建了养老保险基金联网审计绩效评估指标体系，并根据基于"成本—效益"法测算的养老保险基金联网审计项目净现值（NPV）的大小评估养老保险基金联网审计效果。

三 研究思路与研究方法

（一）研究思路

在现有研究的基础上，基于审计信息化背景探索养老保险基金联网审计系统建构问题。具体研究思路技术路线（如图 0 - 3 所

示），根据项目研究内容对应的研究方法提炼研究思路，整体研究
思路可以从如下五个方面展开解析：

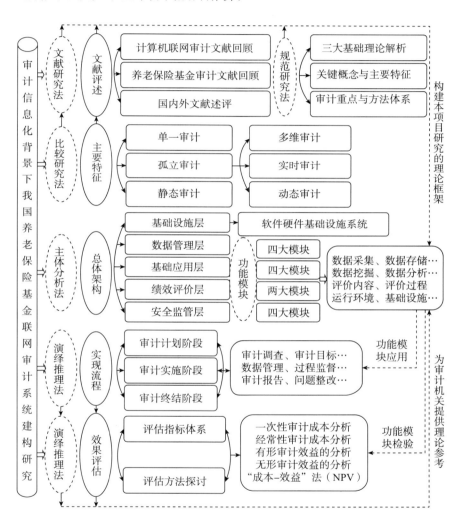

图 0-3　研究思路技术路线

第一，采用文献研究法全面、系统地梳理、归纳、总结和评述
国内外关于计算机联网审计和养老保险基金审计相关的研究文献，

充分把握研究现状、动态与发展趋势；第二，采用规范研究法构建本项目研究的理论框架，重点对养老保险基金联网审计系统建构中涉及的基础理论、关键概念及其主要特征、养老保险基金联网审计的基本原理、重点内容和方法体系等理论内容进行理论概述；第三，采用比较研究法对现场审计（单一审计、孤立审计、静态审计）和计算机联网审计（多维审计、实时审计、动态审计）的主要特征进行研究，以着重突出计算机联网审计方式的天然优势与特质；第四，采用主体分析法系统地分析养老保险基金联网审计系统的总体架构设计及其功能模块；第五，采用演绎推理法研究养老保险基金联网审计的实现流程及其效果评估，具体运用逻辑思维间接推理规则探索构建养老保险基金联网审计效果评估指标体系，并探讨其评估方法的选择。

（二）研究方法

以我国养老保险基金审计业务发展需求为现实导向，充分借助联网技术探索养老保险基金联网审计系统建构及其应用，促进养老保险基金实现常态化监督和动态性审计，进一步提升我国养老保险基金审计信息化水平迫在眉睫。鉴于此，根据整体研究思路可知，本书基于现有研究成果，借鉴前人的研究经验，紧扣本书的研究目的和研究内容，在研究中主要采用如下五种研究方法：

1. 文献研究法

笔者借助所在单位图书馆阅览室的大量书籍、期刊和数据库等资料查阅渠道搜集研究资料，大量研读国内外养老保险基金联网审计相关领域的研究文献，采用文献研究法对文献展开全面系统的梳理、归纳、总结和评述，通过系统性的学习方式，充分把握养老保险基金联网审计领域的研究现状、动态与发展趋势。

2. 规范研究法

本书将在文献研究的基础上，采用规范研究法对相关理论部分的内容展开论述。综合运用社会保障、审计和计算机等多学科知识，对养老保险基金联网审计系统建构的基础理论进行解析，并细致地剖析养老保险基金、养老保险基金审计、计算机联网审计和养老保险基金联网审计的基本概念与主要特征以及养老保险基金联网审计的目标定位、基本原理、重点内容与方法体系，构建本书的理论研究框架，对养老保险基金联网审计形成整体认识，为后续研究提供理论支撑。

3. 比较研究法

为多层面地分析养老保险基金联网审计的主要特征与天然优势，本书将采用比较研究法对比分析现场审计（单一审计、孤立审计、静态审计）与计算机联网审计（多维审计、实时审计、动态审计）两种审计方式的主要特征，并着重阐述养老保险基金联网审计方式的显著特征（天然优势与特质）在于能够辅助审计机关实现全数据审计（全覆盖审计）、跨行业多部门协同审计和大数据审计等。

4. 主体分析法

养老保险基金联网审计系统的总体架构是本书需要研究的主体内容，因而对该部分内容将采用主体分析法进行研究。首先，基于宏观角度，从养老保险基金联网审计系统的基础设施层、数据管理层、基础应用层、绩效评价层和安全监管层五个层面系统设计养老保险基金联网审计系统的总体架构。其次，基于中观角度，对各个层面系统架构中的功能模块进行分析。例如，养老保险基金联网审计系统数据管理层由审计数据采集、审计数据存储、审计数据转换和审计数据交换四大功能模块所组成。最后，基于微观角度，本书将对各个功能模块的基本功能及其包含的主要内容与理论模型展开详细分析。例如，针对养老保险基金联网审计系统数据管理层中的审计数据采集功能模块，本书将阐述该模块的基本功能，并分析数据采集类型、数据采集方式与数据采集流程等基本内容；针对审计数据存储模块，本书提出了养老保险基金联网审计数据存储的理论模型。

5. 演绎推理法

养老保险基金联网审计不仅具有计算机联网审计的基本属性，还具有养老保险基金审计的基本特征。养老保险基金联网审计效果评估与一般审计项目效果评估问题具有某些共同属性。为此，对养老保险基金联网审计实现流程与效果评估问题，本书通过演绎推理法分析养老保险基金联网审计实现流程，探索养老保险基金联网审计效果评估。运用逻辑思维规则，根据计算机联网审计以及养老保险基金审计的基本程序并结合养老保险基金联网审计本身特质间接地推理养老保险基金联网审计的实现流程。同时，结合一般审计项目效果评估以及养老保险基金联网审计的基本特征探索养老保险基金联网审计效果评估指标与评估方法。

第一章　国内外文献回顾

对国内外文献进行回顾的主要目的在于更好地把握与本书相关领域的研究现状、最新动态与发展趋势，从而发现已有研究中存在的不足。养老保险基金联网审计系统建构研究主要涉及计算机联网审计和养老保险基金审计两个领域的研究文献。从整体上而言，国内外学者在这两个领域中进行了大量的理论研究和实践探索，成果颇丰，但仍然存在有待进一步强化的地方，这为本书的研究提供了良好契机。为更好地把握研究进展，笔者将结合本书的主要研究内容系统地回顾国内外关于计算机联网审计和养老保险基金审计两个领域的文献。

第一节　计算机联网审计的文献回顾

计算机联网审计是基于互联网而实现"实时监控＋联网核查"相结合审计的一种新型审计模式。当今世界，互联网信息化技术日新月异，信息科技的进步与竞争不断推动审计技术与审计方法的变革与创新。世界各国理论界和实务界专家学者均高度重视计算机联网审计的研究与实践。通过梳理、归纳和总结国内外关于计算机联网审计方面的相关研究文献，本书将着重从以下四个方面展开文献回顾：一是计算机联网审计实现技术的研究；二是计算机联网审计应用软件的研究；三是计算机联网审计系统建构的研究；四是计算机联网审计其他方面的研究。

一　计算机联网审计实现技术的研究

关于计算机联网审计实现技术的相关研究，本书一方面从理论层面系统地回顾国内外研究文献，另一方面从实践探索层面分析国内外相关的实践情况。

（一）国外相关研究

在国外，关于计算机联网审计实现技术的理论研究，一些学者较早研究了并行审计技术、审计命令语言 ACL、可扩展标记语言（XML）、Web 服务技术、审计追踪分析器（MIATA）以及可扩展业务报告语言（XBRL）在计算机联网审计（连续审计）中的应用；还有一些学者研究了云计算技术和大数据技术在计算机联网审计（连续审计）中的应用。关于计算机联网审计实现技术的实践探索，国外从 20 世纪 50 年代开始探索计算机辅助审计技术的应用，为计算机联网审计的发展创造了优越条件，使计算机联网审计成为西方多数国家的主要审计模式。

1. 关于计算机联网审计实现技术的理论研究

在计算机联网审计实现技术的理论研究层面，国外关于联网审计（连续审计）实现技术的研究成果较为丰富。例如，Rezaee 等（2001）提出了一种并行审计技术在连续审计中的应用，审计机关在连续审计过程中可以采用并行审计技术同时收集审计证据，为事后审计提供了充分的审计证据。鉴于审计人员对审计工作效率的要求越来越高，Braun 和 Davis（2003）总结了最突出的计算机辅助审计工具和审计技术（CAATT：一种使用审计控制语言或审计命令语言 ACL 进行代理的广义审计软件），审计人员可以利用这些工具和技术提高审计效率和效果。他们通过调查访谈政府审计人员对特定类型 CAATT 的看法，结果发现政府审计人员认识到了与使用 ACL 软件相关的潜在益处（例如提高审计工作效率和审计效果），但他们对该审计软件的应用程序与使用技术方面的能力表现出较低的信心，并表示期望通过增加额外的 ACL 软件技术培训来提高软件使用技能。Murthy 和 Groomer（2004）探讨了可扩展标记语言（XML）和 Web 服务技术在连续审计中的应用，他们借助 Web 服务技术的多个组件构建了一个连续审计新模型，被称为连续审计 Web 服务（CAWS）。Best 等（2004）设计了一种独立于机器的审计追踪分析器（MIATA）并探讨了其在连续审计应用中的可行性。MIATA 实质上是一个基于知识的系统，可以对审计线索进行智能分析，从而有利于审计人员为被审计客户提供持续的审计服务，因而被提议作为审计人员的决策支持工具。MIATA 系统具有智能审计追踪功能，能够处理来自任何系统的审计追踪，还能够每天更新用户配置文件并对用户行为进行预测，从用户行为的变化中"学习"。在连续审计模式下，审计机关的审计系统与被审计单位的数据库管理系统互不干扰，这有利于提高审计师的独立性。审计机关如何从被审计单位的数据库管理系统中实时地获取目标审计数据？为解决这个技术难题，Du 和 Roohani（2007）在前人的研究基础上专门探讨了可扩展标记语言 XML 和 CORBA（通用对象请求代理体系结构）技术在连续审计中的应用，这有利于拓展连续审计的实现技术研究。Ye 等（2008）研究了 Web 服务技术在连续审计中的应用，并在互联网主导的计算机审计环境中详细地描述了基于 Web 服务技术的连续审计模型（CAWS）的应用方法。Boritz 和 No（2016）研究认为，XBRL 技术（一种可扩展业务报告语言）具有取代传统财务报告格式的潜力，该技术是审计人员执行连续审计程序的重要辅助技术，有利于审计人员在连续审计环境下实现预期的审计目标并完成审计任务，因而在全球范围内获得了较广泛的应用。

随着云计算技术和大数据技术等现代信息技术的不断发展及其在计算机审计领域中的应用，相关文献探究了云计算技术和大数据技术在连续审计中的应用。例如，关于云计算技术与连续审计的研究，Schoo 等（2010）研究了云网络安全技术在连续审计风险控制中的具体应用，并建立了基于云网络安全技术的连续审计风险防御系统；Yang 和 Jia（2013）基于云计算存储技术提出了一种能够有效保护审计数据隐私的审计协议；Hu 等（2016）研究认为，云计算技术是连续审计系统技术架构中最为关键的技术之一，并分析了云计算技术的海量数据分布式存储、快速计算与综合分析功能在连续审计中的应用；Saranya 等（2016）研究认为，采用云计算技术对用户信息进行远程存储和集中管理，有利于减轻连续审计系统的信息存储负担，但确保用户信息安全存储，即维护用户信息的完整性和隐私性成为云计算技术应用于连续审计实践中需要重点解决的问题；Sookhak 等（2017）研究提出了一种可以支持动态数据更新的数据结构（DCT），这种数据结构适用于大规模的连续审计数据且计算成本较小，审计人员也可以运用 DCT 数据结构在线执行数据的修改、删除、插入或追加等操作，且无须下载整个数据文件，从而减少了动态审计数据的更新处理时间，提升了审计工作效率与审计效果。关于大数据技术与连续审计的研究，Zhang 等（2015）研究认为，大数据已遍及全球经济的各个部门，他们研究了大数据与连续审计数据分析能力之间的差距，确立了大数据的四个维度和五个后续差距，即数据一致性、完整性、汇总、识别和机密性，并针对每个差距概述了传统数据系统所带来的挑战和可能的解决方案，这些解决方案有利于促进大数据时代下连续审计系统的实践应用。

2. 关于计算机联网审计实现技术的实践探索

在计算机联网审计实现技术的实践探索层面，计算机辅助审计技术（CAAT）为计算机联网审计的发展提供了良好条件。西方国家从 20 世纪 50 年代开始探索计算机辅助审计技术的应用与发展，其中，美国是计算机辅助审计技术发展最快的国家，英国、加拿大和澳大利亚等国家的计算机审计技术发展也较快，这些国家的计算机审计发展水平处于世界较领先的地位，并已经建立了较完善的计算机审计操作指南、计算机审计技术规范和相关的审计技术标准，从而实现了计算机审计理论、计算机审计技术方法与计算机审计实务之间的协同发展。自从美国学者 Samuel（1955）提出计算机审计的概念之后，西方大部分国家开始高度重视计算机审计技术的应用与发展。其中，电子数据系统的广泛应用推动着计算机联网审计的迅速发展。早在 1955 年美国开始研发电子数据处理审计技术（EDP 审计技术），这成为美国计算机辅助审计研究正式起步的一个重要标志。1968 年美国注册会计师协会（AICPA）发表的《电子数据处理系统与审计》规定了电子数据审计的主要原则和基本内容。1969 年，EDP 审计协会的诞生成为美国最重要的计算机专业组织。20 世纪 70 年代，美国设立了许多专门的计算机辅助审计机构，并颁布了计算机辅助审计控制标准，这说明计算机辅助审计技术已经受到各行各业的高度重视。美国国家标准局 1974 年颁布的《联邦信息处理标准丛书》明确了计算机审计环境下的审计风险管理与审计数据编码标准化指南，这对计算机联网审计的发展具有很大的促进作用。20 世纪 80 年代，微型计算机在各行各业中得到了较广泛的应用，美国开始大规模地推行计算机网络系统，这进一步促进了国外计算机联网审计行业的发展。1976—1986 年美国注册会计师协会陆续颁布了一系列的《计算机服务系统指南》，系统地描述了计算机审计的基本方法和基本原理。1978 年，美国注册会计师协会出版的书籍《计算机辅助审计技术》，明确了计算机审计的主要流程与技术规范，同时该书被广泛地运用于指导美国各行各业计算机审计实务。1981 年，美国审计总署（GAO）颁布的《政府组织审计标准》详细地规定了计算机审计的评价机制与相关标准。1986 年，加拿大注册会计师协会（CGA – Canada）颁布的《计算机审计指南》确立了计算机审计的基本目标、程序和基本标准。20 世纪 90 年代，电子数据处理审计协会（EDP 审计协会）被重新命名为信息系统审计与控制协会，这为国外的信息系统审计与计算机联网审计的发展奠定了良好的基础。

（二）国内相关研究

随着互联网与信息技术在各行各业的广泛应用和发展，计算机联网审计成为我国审计信息化发展中的重点建设内容，计算机联网审计实现技术逐渐备受理论界和实务界的关注。纵观国内既有的相关理论研究，学者们探讨了联网审计组网技术、网络安全技术和多维分析技术以及在联网审计数据采集、数据传输、数据存储、数据访问和审计预警等方面的关键实现技术，还研究了云计算技术、大数据技术和区块链技术等技术在联网审计中的应用。在实践探索层面，"金审工程"前两期建设成果促进了计算机联网审计的发展，审计署不仅重视计算机审计制度建设，还将在"金审工程"三期建设中进一步推进计算机联网审计的发展。

1. 关于计算机联网审计实现技术的理论研究

在计算机联网审计实现技术的理论研究层面，计算机联网审计是基于互联网平台而开展审计业务的一种新型审计模式，因而顺利实施联网审计的第一步是采用合适的组网技术与方法对审计机关与被审计单位之间进行网络互连。例如，廖志芳等（2006）结合被审计单位的数据存储类型探讨了集中式、分布式以及点到点式三种联网审计组网技术的应用，并以集中式组网在海关系统联网审计的应用为例，分析了计算机联网审计组网技术的具体实现过程。金文和张金城（2006）从联网审计的网络安全需求视角研究了联网审计网络安全技术，主要提出了 VPN 加密、身份认证、入侵检测和恶意代码防护等多种有关计算机联网审计网络安全技术的应用方案。曹洪泽和刘强（2006）研究认为，计算机联网审计关键实现技术包括组网技术、数据采集技术、数据处理技术和安全技术。其中，组网技术包括局域网组网、PSTN 电话拨号、ISDN 电话拨号和 SDH 专线四种技术方案；数据采集技术包括在被审计单位端设置前置机、PC 服务器群集、大中型计算机和安装前置机审计模型四种实现方法；数据处理技术包括数据转换、数据清理、数据查询、数据挖掘和异常检测等多种处理技术；安全技术主要包括数据采集、数据传输、数据存储和数据备份等方面的安全管理技术。刘凤翔等（2009）探讨了多维分析技术在地税联网审计数据分析中的应用步骤，通过建立多维数据集作为计算机联网审计多维数据分析的基础模型，并将其充分应用于南京市地税联网审计系统中辅助审计人员锁定审计疑点和审计线索，实现审计总体分析。姜梅等（2007）研究了异构审计数据采集技术、审计预警分析技术以及大数据文件安全传输技术在社保基金联网审计中的应用。姜梅和邢金荣（2008）进一步从数据传输、身份验证、数据发送和数据接收四个方面探讨了社保基金联网审计中大数据文件安全传输关键技术的应用。王振莉（2011）探讨了审计预警技术在联网审计中的应用，并基于规则库和不完整数据检测方法建构了一个计算机联网审计实时预警模型。王琦峰等（2009）探讨了联网审计分析模型建构和信息安全两方面的关键实现技术，他们认为 SQL 查询技术、多维分析技术和数据挖掘技术等是建构联网审计分析模型的关键技术，并从数据交换安全、数据存储安全和网络安全三方面分析了联网审计信息安全的关键实现技术。其中，数据交换方面可以采用网闸、防火墙或加密技术确保安全；数据存储方面可以采用数据备份、数据恢复、容灾和防止非法获取等技术确保安全；网络安全技术包括安全认证，构建具有入侵防护、漏洞扫描、病毒防治、安全管理和风险评估等多种功能的网络安全体系，并在审计内网、审计专网和审计外网之间采取物理隔离等安全措施。虞安军等（2011）对联网审计数据采集、数据传输、数据存储和数据访问四个方面的安全技术进行了研究。其中，在数据采集方面，运用只读不写采集技术；在数据传输方面，主要采用 IPSec VPN、SSL VPN 和 MPLS VPN 三种 VPN 技术，且 IPSec VPN 是数据传输首选技术；在数据存储方面，可以对应用服务器与数据服务器进行物理隔离、选取合适的存储和备份设备或建立数据备份机制；在数据访问方面，运用组织架构或操作员角色控制用户的访问权限。李倩（2017）研究了多维数据分析技术和数据挖掘技术在计算机联网审计数据分析处理中的应用。

相关的研究文献还深入探讨了云计算技术对计算机联网审计产生的影响。陈伟和 Smieliauskas Wally 基于我国计算机联网审计的发展现状、云计算的基本原理和主要特点，以及云计算技术的优缺点分析，从被审计单位采用云平台、审计单位采用云平台、被审计单位和审计单位同时采用云平台三个方面深入研究了云计算环境下计算机联网审计的实现方法，并从云平台整体控制与应用控制、云平台选择和云平台服务三层视角系统地探讨了云计算技术在计算机联网审计应用中可能面临的各种审计风险。秦荣生（2014）研究指出，促进现代信息技术与云计算技术之间的交叉融合，有利于推进计算机联网审计模式的发展。杨绮和陈伟（2014）探讨了云计算技术在大型体育建设项目计算机联网审计实践中的实际应用，并着重基于审计机关和被审计单位对云平台的应用情况，深入分析了审计机关采用计算机联网审计方法开展大型体育建设项目的具体实现。

21 世纪迎来了大数据时代，大数据技术作为一种全新的生产力和竞争力，深刻地影响着现代审计技术和审计方法的变革与创新。2014 年 10 月，国务院印发的《关于加强审计工作的意见》（国发〔2014〕48 号）第十九条关于"加快推进审计信息化"的相关规定，明确要求审计机关实现信息共享，加大数据集中力度，构建国家审计数据系统，积极探索在审计实践中运用大数据技术的途径，加大数据综合利用力度，提高运用信息化技术查核问题、评价判断和宏观分析的能力。关于大数据技术对审计的影响研究，秦荣生（2014）研究认为，大数据技术推进了联网审计方式和总体审计模式的发展以及审计成果的综合应用、相关关系证据的应用，同时推进了高效数据审计和大数据审计师的发展；俞校明（2015）研究认为，大数据技术可以辅助审计机关把握海量数据中隐藏的数据规律，并利用大数据之间的相互关系解释过去和预测未来，从而使审计机关可以更准确地做出审计判断和审计决策；龙子午和王云鹏

（2016）研究指出，大数据技术的应用有利于从整体上减小 CPA 审计风险，提升 CPA 审计质量。关于大数据技术对联网审计的影响研究，丁淑芹（2015）研究认为，大数据带来的思维变革对联网审计理念产生了重大的影响；黄茂海（2017）研究认为，审计机关应当在大数据背景下充分借助大数据技术解决养老保险基金联网审计实践中存在的各种问题。

更值得注意的是，在近期的相关研究中，还有一些学者探究了区块链技术在计算机联网审计中的应用。例如，黄冠华（2016a）针对现阶段我国计算机联网审计实践中存在的缺陷分析了区块链技术在联网审计中的应用途径，并重点探讨了区块链技术在联网审计系统层面风险、应用层面风险和操作层面风险中的应对策略。陈旭和冀程浩（2017）基于区块链技术的基本特征及其在审计工作中的应用原理分析，深入研究了区块链技术在实时联网审计中的实现流程。许金叶和鲁梅静（2017）系统地分析了当前我国计算机联网审计在数据采集、数据传输、数据分析和数据存储环节中遇到的现实难点，并基于区块链技术提出了攻破难点的相关策略，探讨了区块链技术在联网审计应用中面临的挑战。袁曙（2018）根据当前我国计算机联网审计的主要特点与不足探讨了区块链技术改进联网审计的两种具体路径：一是通过区块链技术改进联网审计数据记录方法，以提升审计工作效率；二是通过区块链技术改进联网审计数据存储模式，以降低审计运行成本。

2. 关于计算机联网审计实现技术的实践探索

在计算机联网审计实现技术的实践探索层面，我国在计算机审计实践方面的探索时间起步较晚，计算机联网审计的发展相对较滞后，但依然保持着较稳定的发展速度。1998 年，国务院出台《审计机关计算机辅助审计办法》，这成为我国审计机关开始使用计算机辅助审计技术开展审计工作的一个重要标志。2001 年，国务院办公厅颁发的《关于利用计算机信息系统开展审计工作有关问题的通知》，明确提出了审计信息化建设的指导意见，并要求各地区审计机关高度重视采用计算机网络信息系统开展审计工作。一直以来，在我国审计信息化建设与发展中，审计署的贡献非常巨大。一方面，审计署致力于计算机审计政策和审计法规建设。例如，1993 年发布的《审计署关于计算机审计的暂行规定》明确了计算机审计的基本思路；1996 年发布的《审计机关计算机辅助审计办法》明确了计算机审计内容与范围。同时，一系列计算机审计实务公告的发布，例如，2007 年发布的《国家审计数据中心基本规划》（计算机审计实务公告第 5 号）、《计算机审计审前调查指南》（计算机审计实务公告第 8 号）；2008 年发布的《计算机审计方法流程图编制规范》（计算机审计实务公告第 12 号）、《计算机审计方法语言编制规范》（计算机审计实务公告第 13 号）、《计算机审计方法体系基本规划》（计算机审计实务公告第 14 号）；2009 年发布的《联网审计系统》规格说明书（计算机审计实务公告第 19 号）；2010 年发布的《国家审计数据中心系统规划》（计算机审计实务公告第 24 号）等，进一步促进了我国计算机审计法规体系的规范化建设。另一方面，审计署致力于审计信息化实践与探索，大力推进政府电子政务工程项目建设。其中，在审计信息化系统建设方面的典型代表项目为"金审工程"。1998 年，审计署提出国家审计信息化建设意见，并着手规划和筹备国家审计信息化系统建设项目；2001 年，审计署在《审计信息化建设总体目标和构想》中明确提出了计算机联网审计基本目标与总体规划；2002 年，发改委批准了"金审工程"一期项

目开工申请，并下达 2002 年中央预算内基建投资 5000 万元作为
"金审工程"一期项目专项建设资金，这表明我国审计信息化系统
建设项目正式启动；2003 年，审计署颁布的《审计署 2003 年至
2007 年审计工作发展规划》明确指出"加强对审计信息系统建设的
规划、管理、组织和协调"，对我国审计信息化建设的内容提出了
更加详细的要求；2004 年，审计署以"金审工程"建设为背景，在
计算机审计实践研究的基础上成立了"计算机联网审计技术研究与
应用"项目，明确提出了"金审工程"总目标，标志着我国计算机
联网审计正式启动了科研攻关模式。历经二十年的不断实践与探
索，"金审工程"前两期建设成效十分显著。例如，在应用系统建
设方面，已初步建成基于应用平台、实现数据共享的办公和业务应
用系统；在安全系统建设方面，依据国家电子政务安全体系框架，
目前已基本解决在电子政务网络统一平台环境下的数据交换和数据
共享等安全问题；在局域网建设方面，关于审计单位之间、审计单
位与重点被审计单位之间、审计单位与审计现场之间的广域连接试
点工作已取得了良好成效；在标准规范化建设方面，已初步制定并
完成了与审计信息化系统建设工程相关的审计准则和审计操作指南
等标准代码建设；在审计人员信息技术培训方面，根据工作岗位与
人员比例相互配比的原则，各省市各地区各级审计机关积极组织了
大量计算机操作技能培训、计算机审计中级技能培训以及计算机审
计中级职称等级考试等，这为推进国家审计信息化建设与发展培养
了大批具备扎实计算机审计专业理论知识和审计技能的复合型人
才。当前，"金审工程"三期建设如火如荼，根据国家大数据发展
战略指引，进一步推动国家审计数据中心和省级审计数据中心建
设，大力探索数据挖掘和人工智能分析等大数据技术在计算机联网

审计中的实践应用，以促进大数据技术与联网审计融合发展。

二　计算机联网审计应用软件的研究

目前，国外在计算机联网审计应用软件研发设计方面取得了丰硕的成果，较多具有功能多样性的审计应用软件在计算机联网审计实务中获得了广泛应用。然而，国内关于计算机联网审计应用软件方面的理论研究成果较少，在实践探索中也还需要大力研发具有功能多样性且较强的普遍实用性的计算机联网审计应用软件，以满足审计信息化建设时期审计机关对计算机联网审计实践的现实需求。

（一）国外相关研究

在国外研究中，计算机联网审计应用软件的开发设计与审计实务中计算机联网审计的规范流程紧密结合，这充分体现了国外计算机联网审计应用软件具有普遍实用性的优势，从而有力地推动了计算机联网审计技术的应用和发展。例如，早在十几年前波兰审计署通过 JNIK 软件的测试版已顺利完成了一些计算机辅助审计方面的工作，JNIK 软件 V1.0 版正式投入使用，并成功实现了软件的应用升级，经过了波兰审计署最高领导层的批准。从广义角度分析，审计应用软件应当是能够辅助审计人员完成相关审计工作的一种审计工具与技术。根据审计应用软件的主要功能进行分类，当前国外的计算机审计应用软件主要包括四种功能类型：一是具有审计计划编制和审计统计分析功能的审计管理软件，主要包括 Auditor Assistant、ADM、Audit Leverage、Team Mate 以及 Auto Audit 等；二是具有审计数据采集与数据分析功能的计算机辅助审计软件，主要包括 IDEA（Interactive Data Extraction and Analysis）、ACL（Audit Command Language）、SAP 等审计数据采集与数据分析软件；三是具有审计风险监控与持续监测功能的审计应用软件，主要包括 Access、Team Mate、ACL 等；四是具有内部控制评估与网络安全评估的审计软件，例如 Visual Assurance 等内部控制评估审计软件以及 Intrusion Security Analyst、Bind View、Nessus 等网络安全评估审计软件。其中，当前国外应用最广泛的两种计算机辅助审计方面的通用审计软件（GAS）分别是由加拿大 ACL 公司研发的审计命令语言软件 ACL 以及由 CaseWare 公司研发的交互式数据采集与分析软件 IDEA。ACL 软件较适合于金融类、保险类和通讯电信类等行业的大中型公司审计数据采集、分析与风险监控，该软件不仅具有强大的海量数据采集与数据分析功能，还可以为审计人员提供交互式数据分析方案与命令程序，记录审计数据分析过程与结果，同时还可以辅助审计人员开展审计风险监控，对被审计单位进行持续监测，进而有效预防被审计单位发生舞弊行为。IDEA 软件在审计数据采集与数据分析过程中可以记录审计人员的操作轨迹，具有较高的安全系数，便于审计人员动态跟踪审计数据采集与数据分析结果。关于审计命令语言（ACL）和交互式数据采集与分析（IDEA）两种软件的理论研究，Braun 和 Davis（2003）在调查访谈基础上探究了这两种软件在计算机辅助审计中的应用现状，结果表明 ACL 是审计市场上领先的 GAS 工具，使用 IDEA 软件的用户往往同时选择 ACL 软件，然而 ACL 软件的应用一方面能够带来审计效益，提高审计效率与效果，另一方面也具有潜在的风险，例如 ACL 服务器远程审计客户端运行速度缓慢且易发生锁定，这是审计人员在使用 ACL 软件过程中普遍关心的问题。此外，国外一些常用的计算机审计应用软件还包括由普华永道公司（Price Water House Coopers）研发的软件 Team Mate，该软件主要功能是辅助审计人员进行审计管理（如编制审计计划、复核审计工作底稿等）以及开展审计风险评估等；由 Pentana 公司研发的企业内部审计软件 PAWS Risk & Audit Management，该软件主要功能包括制定企业内部审计计划、内部审计风险评估与财务报表审计；由加拿大 Paisley 公司研发的审计项目管理软件 Auto Audit for Windows；由英国 Horwath Clark Whitehill 会计师事务所研发的企业内部审计软件 Galileo 以及企业整体风险评估审计软件 Magnitude Risk Management 等。

（二）国内相关研究

在国内研究中，1997 年 1 月 1 日，我国开始施行的《审计机关计算机辅助审计办法》明确了审计机关在计算机审计应用软件方面的相关规定。例如，该办法第十一条明确规定："审计机关组织推广使用商品化的计算机审计软件，应当根据该软件的应用范围，由相应审计机关的有关专业部门对其组织测评，并取得合法使用权后才能正式使用"。2002 年 6 月，审计署编制了《审计软件开发指南》。此后，计算机联网审计应用软件研究逐渐备受理论界和实务界的关注。

1. 关于计算机联网审计应用软件的理论研究

在计算机联网审计应用软件的理论研究层面，部分学者针对计算机审计应用软件方面的问题进行了相关探讨。例如，汪孝竹（2006）研究认为，由于大部分软件公司的相关工作人员仅仅从自身专业的角度出发设计软件程序，他们并不太了解审计实务知识，既精通计算机编程又熟悉审计业务的复合型人才较稀缺，导致我国研发的一些审计软件实用性能并不高。因而，复合型人才较缺乏成为当前制约我国审计应用软件开发工作的一个重要因素。陈伟和Qiu Robin（2009）基于计算机辅助审计的发展现状与主要特征，对比研究了当前国内外审计应用软件的主要类型与功能，并指出在未来的审计应用软件研究中，应当充分重视研发具有智能化功能、可视化功能和风险监控功能的应用软件，强化持续审计软件研究，推动计算机辅助审计朝着持续、动态与实时发展方向迈进。钮铭钢（2011）探讨了现场审计实施系统（AO 软件）在养老保险基金审计中的应用，并认为审计人员能够借助 AO 软件将被审计单位的业务数据自动生成财务数据，取得会计凭证表，通过 AO 软件中的"采集转换—业务数据"功能模块导入凭证表信息。岳桂云（2010）探究了计算机联网审计软件的标准化应用流程，并研究指出计算机联网审计软件的标准化应用流程主要应当包括审计业务流程和审计数据流程两个部分。万继峰（2011）研究认为，计算机联网审计应用软件需要具备数据转换、系统测试与账务还原三大技术功能，实施计算机联网审计的关键问题在于研发操作简单、功能丰富且通用性较强的审计应用软件。张永杰（2012）研究认为，计算机联网审计应用软件是社保基金联网审计模式的三大基本结构之一，具有统计分析、查询分析、数据分析处理和数据预审功能，并从实时筛选数据、锁定疑点数据、审计疑点数据、导出审计结果和出具审计报告五个方面探讨了社保基金联网审计的具体流程。张永杰（2014）研究认为，计算机联网审计应用软件子系统是社保基金联网审计系统的关键子系统，主要涵盖审计数据管理软件、审计系统管理软件、审计预警软件和客户端软件四大应用系统软件。其中，审计数据管理软件的主要功能是实现联网审计数据的分类、整理、汇总、筛选、存储与备份等；审计系统管理软件的主要功能是管理联网审计系统中的各类软件硬件基础设施；审计预警软件的主要功能是实现联网审计系统的动态监控和实时预警；客户端软件的主要功能是连接审计机关的审计数据中心与被审计单位的数据库管理系统。

2. 关于计算机联网审计应用软件的实践探索

在计算机联网审计应用软件的实践探索层面，国内部分省市地方审计机关积极投入到计算机联网审计应用软件开发实践中，并取得了良好的成效。例如，山东青岛市审计局（2005）自主研发了针对养老、失业、医疗、工伤、生育等五项社保基金征缴环节的计算机审计系统，并在审计实践中取得良好的应用成效，成为全省审计机关自主研发成功的首个社会保险基金计算机审计软件系统。该系统采用"客户端/服务器"体系结构，具有计算机联网审计功能，审计人员可以利用信息系统审计中的经验模块对社会保险基金的财务数据与业务征缴数据的一致性、缴费基数和缴费比例的合规性等多方面的内容进行联网审计与核查，进而有效地实现了社会保险基金财务数据与业务数据相结合审计。江苏太仓市审计局（2007）建立了几十个养老保险基金审计指标，通过构建计算机审计模型研发设计涵盖养老保险、医疗保险等多种社会保险基金审计内容，涉及68个审计要点，全面覆盖多种社会保险基金财务系统与业务系统的社保基金联网审计应用软件，解决了社会保险多险种基金的关联审计。在国内审计实践中，审计应用软件有审计署计算机中心研发的通用审计软件、审计署驻南京特派员办事处研发的数据采集与分析工具以及各类专业软件公司研发的审计应用软件，如北京通审软件技术有限责任公司研发的"通审2000"、中审软件技术有限公司研发的"中审审易软件"、西安金剑软件有限公司研发的"金剑数据监管系统"、"金剑审计系统2005"、"金剑审计软件"（行政事业版V3.1）等，均在计算机联网审计实践中发挥了重要作用。

三　计算机联网审计系统建构的研究

国外学者较早开始关注计算机联网审计（连续审计）系统建构

这一研究话题，国内理论界和实务界也对计算机联网审计系统建构问题进行了相关研究。本书对国外计算机联网审计（连续审计）系统建构方面的研究进行了梳理，并着重从理论研究和实践探索两个层面回顾国内在计算机联网审计系统建构方面的研究。

（一）国外相关研究

计算机联网审计是连续审计的重要形式。连续审计（Continuous Auditing，CA）又被称为在线审计（Online Auditing，OLA）或连续在线审计（Continuous Online Auditing，COA）。连续审计业务的发展已成为现代商业环境中不可避免的发展趋势，关于连续审计系统建构方面的研究，国外学者较早对此话题展开了探讨，并取得了丰硕的研究成果。例如，Kogan 等（1999）探讨了连续审计的系统架构设计。Alles 等（2006）针对企业内部 IT 审计业务设计了具有审计业务监控、审计预警管理和防范等功能的连续审计监控系统（CMB-PC），并将该系统运用于西门子信息系统审计实践中，取得了良好的效果。Chou 等（2007）提出了一种基于代理的连续审计系统，被称为基于代理的连续审计模型（ABCAM），并设计了五种场景进行模型的应用分析。该系统可以独立于被审计单位的信息系统而实施审计业务，并能够自动进行实时性审计，这与审计信息化的发展要求和审计信息系统的变化相适应。当前，通用审计软件（GAS）等计算机辅助审计系统被广泛应用于实施连续审计业务。然而，大多数不具备 IT 背景的审计人员难以将计算机辅助审计系统与其审计专业知识相结合进行应用，这极大地制约了审计人员独立开展连续审计业务的能力。鉴于此，Li 等（2007）提出了一个系统的分析方法，以协助审计人员弥合计算机辅助审计系统和审计专业知识之间的"语义鸿沟"。为便于审计人员有效地理解信息系统的业务流程和数据流（数据结构），他们首先为审计人员构建了一个系统框架，通过采用数据流图和实体关系图等信息处理模型，将这些成分映射到审计过程中，包括审计目标、关键控制和审计规则。审计人员可以借助这个系统框架独立设计能够自动嵌入数据库中的审计规则，进而可以实时独立执行连续审计业务，实现预期的连续审计目标。Shin 等（2013）探讨了在企业资源计划（ERP）环境中的连续审计系统（CA 系统）及其实施方法，同时对金融业和制造业实施的连续审计系统进行了案例研究，结果发现 ERP 环境中的 CA 系统可以通过全面的数据分析连续监控广泛的内部控制活动，使得基于规则和系统的内部控制成为可能，这说明 CA 系统的引入导致公司内部审计职能发生了实质性变化，内部审计师可以使用 CA 系统加强内部控制，还有利于外部审计师了解被审计公司的连续监控系统，进而提高外部审计工作效率。Kogan 等（2014）研究认为，连续审计系统应当包括两层监视框架，第一层是对确定性业务流程规则的遵从性进行监视，第二层是对业务分析流程进行监视，并运用来自医疗保健方面的大量采购数据模拟该审计系统框架的实施，结果发现该系统框架在模拟和评估"伪实时"方面的异常情况具有很独特的能力。

（二）国内相关研究

纵观国内关于计算机联网审计系统建构方面的理论研究，学者们对计算机联网审计系统的理论架构、逻辑架构、关键实现技术及其运行流程等进行了相关研究，但基于审计信息化背景探究养老保险基金联网审计系统建构的系统性理论研究成果较少，综合应用性研究成果更为稀缺。在实践探索层面，我国部分省市地方审计机关在养老保险基金联网审计方面进行了大量的实践，取得了良好的成效，这为本书开展养老保险基金联网审计系统建构研究提供了较好的借鉴。

1. 关于计算机联网审计系统建构的理论研究

在计算机联网审计系统建构的理论研究层面，武海平等（2006）针对计算机联网审计的海量数据存储以及数据管理需求，一方面提出了一种海量的数据存储系统（CAMDB），设计了 CAMDB 系统的物理结构和逻辑结构，并对该系统进行了相关的功能测试。具体而言，该系统主要运用集群系统与 SAN 系统相结合的方式，既能对横向无关联的审计数据进行合理分区，又能对纵向关联的审计数据进行关联，从而实现了纵向关联数据并行执行事务，最终提高了计算机联网审计系统的存储容量和查询分析效率；另一方面提出了计算机联网审计数据存储分配策略（如 Hash 方法）和审计数据存储优化策略（如聚集存储、连接索引）。王琦峰等（2009）从计算机联网审计的系统支撑层、基础数据库层、基础分析模型库层、平台基础运行层、联网审计功能层、联网审计结果库、联网审计支撑平台门户以及系统集成框架八个方面建构了一个面向电子政务环境的计算机联网审计支撑平台体系结构，并分析了计算机联网审计模式的基本功能及其实现流程。沈先钊和许立志（2009）研究认为，计算机联网审计系统建构应当包括审计中心（服务器）、被审计单位（客户机）和网络环境三大组成部分，他们从审计数据采集、审计数据整理与审计数据转换、审计数据处理、符合性测试和实质性测试等方面分析了利用计算机联网审计系统实现远程审计的具体审计步骤。谢岳山（2009）主要从物理层次和逻辑层次两个层面探讨了联网环境下信息系统审计的内容架构体系。其中，物理层次上的审计内容主要包括物理环境设备审计和安全性审计，逻辑层次上的审计内容主要包括软件环境审计、信息系统生命周期审计以及逻辑安全审计。孟春艳和朱宪花（2010）研究认为，计算机联网审计系统的逻辑结构主要应当由审计数据采集、审计数据传输和审计数据存储三个基本部分所组成，并研究分析了层次分析法（AHP）在计算机联网审计数据传输中的具体应用。王灵宇和孙天竹（2011）在分析计算机联网审计的基本特征和主要优势的基础上提出了计算机联网审计系统设计的原则与目标，并从网络建设、审计数据采集、数据库设计、预警分析系统和安全设计五个方面探讨了计算机联网审计系统设计的逻辑架构。李倩（2017）针对项目投资计算机联网审计组网的实现途径深入分析了计算机联网审计的网络架构设计和计算机联网审计的软件架构设计。

目前，加快区块链技术在审计领域中的应用逐渐成为我国信息化审计过程中需要重点突破的研究内容。近些年，相关文献从区块链技术角度开展了相关研究。例如，陈旭和冀程浩（2017）探讨了基于区块链技术构建计算机联网审计的系统框架，结合区块链技术的工作原理和实时审计的现实需求，重点从财务处理系统应用服务层、区块链技术资源层、实时审计应用服务层和实时审计访问层四方面分析了区块链应用平台的逻辑框架，提出了基于区块链应用平台的实时审计实现流程及其优越性。许金叶和鲁梅静（2017）从计算机联网审计的基本目标、审计证据和审计流程三个维度建构了基于区块链技术的计算机联网审计框架体系。

具体到社保基金（养老保险基金）联网审计系统建构方面，部分学者基于不同的理论体系和系统建构思路展开了相关研究，这为本书专门研究养老保险基金联网审计的系统建构奠定了良好的理论基础。一方面，有些学者提出了社保基金联网审计系统的理论建构思路。例如，姜梅等（2007）在理论上深入地分析了开展社保基金联网审计的必要性和可行性，并在实践上分别从总体逻辑结构、应用系统结构、总体功能结构和系统工作流程四个方面提出了社保基金联网审计系统的逻辑建构思路及其实现方案。姜梅和邢金荣（2008）从计算机联网审计应用子系统和计算机联网审计支撑子系统两个层面建立了社保基金联网审计的系统结构。其中，计算机联网审计应用子系统具体包括项目管理、数据传输、数据采集、预警分析、数据查询、统计分析和系统管理七个子系统；计算机联网审计支撑子系统是各个联网审计应用子系统的基本功能和信息集成主要平台，主要包括通信网络系统和数据库系统等。陕西省审计厅课题组（2014）主要从养老保险基金联网审计数据标准规划、养老保险基金联网审计方法体系建构和养老保险基金联网审计系统构思（系统功能构思、系统功能设计和系统功能构成）三个方面探讨了企业职工养老保险基金联网审计系统的建构及其应用。张永杰（2014）基于我国社保基金的业务经办流程和审计流程分析，从基础设施子系统、安全技术子系统、数据规划子系统和应用软件子系统四个层面设计了社保基金联网审计系统的基本结构及其运作流程。另一方面，促进云计算技术的应用成为我国各级审计机关推动审计技术与审计方法创新的新动力。已有相关文献专门探究了云计算技术环境下的养老保险基金联网审计系统建构问题。例如，张永杰（2015）基于国内外关于云计算和养老保险基金联网审计的研究现状与实践情况，重点从联网审计预审分析子系统和联网审计安全管理子系统两方面探究了云计算视域下的养老保险基金联网审计系统建构的基本思路、方法与实现流程，这为养老保险基金联网审计系统建构方面的研究提供了一条新思路。张永杰和罗忠莲（2017）

进一步分析了养老保险基金云审计的基本原理及其主要优势，并从基础设施层、数据管理层、安全监管层和成果管理层四个层面探索建构了养老保险基金云审计系统的总体架构及其功能模块，从审计计划、项目实施和审计终结三个阶段详细分析了养老保险基金云审计系统的主要实现流程及其审计事项，这对于我国各级审计机关开展云计算环境下的养老保险基金联网审计实践具有重要的启示与借鉴作用，从而有利于推进云计算技术在养老保险基金联网审计中的实践应用。

2. 关于计算机联网审计系统建构的实践探索

在计算机联网审计系统建构的实践探索层面，为促进审计模式由传统审计向计算机联网审计模式的转变，审计署相继发布了《联网审计系统》规格说明书（计算机审计实务公告第 19 号）、《国家审计数据中心系统规划》（计算机审计实务公告第 24 号）等一系列的计算机审计实务公告，为各省市各地区各级审计机关开展联网审计实践提供了重要的政策依据和法规保障。近年来，全国上下各级审计机关大力推行联网审计项目建设，积极探索联网审计的实现方法和应用途径，取得了良好的成效。例如，湖南省审计厅（2014）出台《关于全省审计机关开展联网审计的指导意见》，明确提出了联网审计系统建设的标准和要求，这对省市和区（县）审计机关开展联网审计系统建设提供了更详尽的依据。河南省审计厅（2017）充分采用大数据等现代信息技术手段推进在线实时联网审计建设，以实现联网审计数据集中和共享为途径，通过强化联网审计硬件支撑、软件保障和数据综合，努力实现省市县三级联网审计监督全覆盖。福建省审计厅（2017）联网审计系统成功通过专家组验收，进一步推进了审计信息化发展进程，为实现大数据技术与联网审计的融合发展奠定了良好基础。与此同时，各级审计机关在社保基金（养老保险基金）审计领域也大力推行联网审计实践，取得了良好成效，这为本书探究养老保险基金联网审计系统建构提供了重要的指导和借鉴。例如，陕西省审计厅（2011）研发了32个城镇企业职工基本养老保险联网审计模型，其中包含10个数据浏览模型、14个问题查找模型以及8个数据分析模型。云南省审计厅（2011）已经建立了涵盖123个审计分析模型、覆盖省级养老保险、医疗保险基金数据的社保联网审计分析系统，促进了社保基金审计向联网审计模式的转变。宁夏回族自治区审计厅（2013）投资170万元购置计算机联网审计硬件设备，安装计算机联网审计前置服务器，共开发了140多个计算机联网审计模块，覆盖全区统筹城乡居民养老保险和企事业单位职工养老保险等七大险种社保基金的征缴、支付和管理环节。审计署驻长春特派员办事处（2013）实现了以"政策分析多核化、数据处理自动化、'孤岛'信息关联化、数据稽核全面化、取证模式标准化"为特征的社保基金联网审计。甘孜州审计局（2014）在审计署联网审计支撑平台上成功建设部署了社保基金联网审计系统，并启动了养老保险基金联网审计试点项目。巴彦淖尔市审计局（2014）运用社保基金联网审计系统内置的联网审计查询分析模型全面审计了养老保险基金在征缴、支付与参保登记等各方面的数据，并通过全方位、多元化数据对比，锁定审计重点，落实审计疑点与审计线索。江苏省审计厅（2015）已经全面建成了社保基金联网审计平台，并在实务中实现了多部门资源信息的远程共享。福州市审计局（2016）运用数字化审计平台开展社保基金联网审计，总共审查出社保基金的问题资金为2000多万元。

四 计算机联网审计其他方面的研究

关于计算机联网审计其他方面的研究，本书从三方面进行国外文献回顾：一是连续审计的基本概念及其可行性研究；二是连续审计的影响因素及其经济后果研究；三是连续审计的模型建构及其应用流程研究。本书从三方面进行国内文献回顾：一是计算机联网审计风险控制研究；二是计算机联网审计绩效评价研究；三是计算机联网审计中的现实困境与对策研究。

（一）国外相关研究

在国外，连续审计为计算机联网审计的发展提供了良好条件。纵观既有研究，与连续审计主题相关的文献不断增多，学者们在连续审计的基本概念、可行性、影响因素、经济后果、连续审计模型建构及其应用流程等方面进行了大量的研究。

1. 关于连续审计的基本概念及其可行性研究

首先，在连续审计的基本概念研究方面，Vasarhelyi 和 Halper（1991）较早地提出了连续审计的理论概念，他们认为连续过程审计系统（CPAS）是连续过程审计方法论（CPAM），即连续审计是一种旨在实现无纸化审计过程的数据库系统，这从狭义上说明连续审计是借助审计信息系统予以实现的一种无纸化审计过程；加拿大注册会计师公会（Canadian Institute of Certified Accountants，CICA）（1999）对连续审计的基本概念进行了广义上的界定，CICA 认为连续审计是指由独立审计人员在事件发生的同时或短时间内向管理当局发布的与其需要承担责任相关的项目审计报告，且审计报告时间与审计事项发生时间具有同步性，这种定义说明连续审计是审计人员为企业管理当局承担项目责任提供书面保证的一种技术；Kogan等（1999）研究认为，连续审计是指在相关事件发生的同时或短时间内产生审计结果的审计类型（网络在线系统审计），这种网络在线系统审计显著提高了审计频率，这同样强调审计结果（审计报告）产生时间与审计事项发生时间应当具有同步性；Rezaee 等（2001）进一步研究认为，连续审计是审计师在无纸化审计状态下通过搜集电子化审计证据完成财务报表电子化审计的系统过程，这种概念界定强调连续审计的电子化过程，这说明审计过程无纸化和审计证据电子化是连续审计的基本特征；然而，Woodroof 和 Searcy（2001）研究认为，连续审计是技术整合到审计领域中的自然演变，作为一种保证服务的连续审计已消除了发生特定主题事件之间的时间与发布审计师对客户对主题事项的公平性的意见之间的时间间隔，这种概念强调连续审计是一种保证服务；Chou 等（2007）同样研究指出，连续审计是审计人员根据实时的财务会计报告提供实时审计或连续审计服务的自动化审计过程，这要求审计人员将审计事项的发生时间与提供审计服务的时间最小化至可接受的水平。然而，国际内部审计师协会研究基金会（The Institute Internal Auditors Research Foundation，IIARF）（2005）基于内部控制的学科视角将连续审计定义为："一种能够自动执行风险控制和风险评估的技术方法"，这种定义强调审计人员借助连续审计的技术方法对企业内部控制风险进行实时在线监控和评估。其次，在连续审计的可行性研究方面，Pathak 等（2005）研究指出，以往的相关研究文献分析了数据库连续审计的技术可行性，但却忽略了这种审计的经济可行性。为此，他们利用再生随机过程的结果来推导计数和定期审计策略下数据库连续审计的长期平均成本的表达式，并通过考察执行数据库连续审计的长期运营成本来分析审计的经济可行性；Kuhn 和 Sutton（2010）探讨了 ERP 系统环境中连续审计的发展现状和未来发展方向，并重点分析了 ERP 系统环境中连续审计的实用性、可行性及其优缺点。

2. 关于连续审计的影响因素及其经济后果研究

首先，在连续审计的影响因素研究方面，Warren 和 Smith（2006）研究指出，日益增加的企业责任和监管压力促使内部审计师迫切需要创新审计方法以提高工作效率，而连续审计有利于满足内部审计师等企业利益相关者的审计需求。连续审计根据规定的标准测试交易事项和识别异常情况，受到企业内部环境的影响，因此他们重点探究了内部环境因素对连续审计及其利益相关者的潜在影响；Gonzalez 等（2012）通过对全球 210 名内部审计师进行了调查，以了解他们使用连续审计方式的情况，并运用统一的技术接受和使用理论（UTAUT）考察内部审计师使用连续审计技术的意图，结果发现内部审计师对预期工作和社会影响的看法是影响他们选择连续审计方式的重要因素，同时发现北美的内部审计师受到同行和上级当局的软社会压力等社会影响力较大，因而他们更倾向于使用连续审计技术，这表明内部审计师对连续审计的认识与需求是连续审计的重要影响因素。其次，在连续审计的经济后果研究方面，Rezaee 等（2001）从内部控制和审计程序两方面研究了连续审计对独立审计师的影响，他们研究指出，在连续审计模式下，审计师不仅可以通过审计预警模型持续监控被审计单位的会计信息系统和内部控制结构，还可以在实质性测试过程中搜集更充分的审计证据，从而为出具审计报告提供决策与参考；Masry 和 Reck（2008）研究发现，在 2002 年 7 月引入萨班斯—奥克斯利法案（SOX）之后，持续在线审计（COA）的价值相关性有所增加，这说明持续在线审计（连续审计）有助于缓解公司风险并相应增加投资者的决策信心，进而有利于从整体上提高公司价值；Malaescu 和 Sutton（2015）研究发现，审计师在连续审计环境中愿意更多地依赖于公司的内部审计工作而不是传统的审计环境。当上市公司上年度内部控制不存在实质性缺陷时，实施连续审计能够从整体上减少预算审计时间，这说明具有自动化审计优势的连续审计能够对审计师的预算审计时间产生重要影响；Amin 和 Mohamed（2016）研究发现，埃及大多数审计师均认为实施连续审计能够减少互联网财务报告环境（IFR）对审计工作的影响，且来自"国际四大"的审计师与来自本土会计师事务所的审计师在认知连续审计对财务信息及时性的影响方面存在显著差异。

3. 关于连续审计的模型建构及其应用流程研究

关于连续审计的模型建构及其应用流程研究，加拿大特许会计师协会和美国注册会计师协会呼吁学术界探讨连续审计的概念及其在审计领域中的实施情况。为响应这一要求，Woodroof 和 Searcy（2001）开发了连续审计的概念模型，并且作为概念验证，他们设计并演示了债务契约合规领域内连续审计的实施过程，演示的 Web 应用程序使用通过互联网发送的数字代理和警报触发器连续监控客户变量的实际值是否符合债务契约协议中所列变量的标准。Flowerday 等（2006）采用对比研究方法，从交易的精确性、内部控制系统的可靠性与实用性、审计报告方式和数据表等方面深入对比评估了 Rezaee、Onions 和 Woodroof Searcy 三种连续审计模型之间的差异性。Ye 等（2008）运用 Web 服务技术的一些组件提出了一个基于 Web 服务技术的连续审计模型（WSCAM）（一种基于 Web 网络服务的连续审计模型），被称为"连续审计"的注册中心，该模型主要在受审核方的系统中运行，并可以在 Web 服务环境中被应用于提供有关特定业务流程的保证服务，且被审核方可以为第三方的交易提供具体的财务信息。Van der Aalst 等（2011）通过行业的真实性案例探讨了在线审计工具（OLAT）的概念模型、数据定义和运行流程。Chan 和 Vasarhelyi（2018）从实时审计、审计模式、审计程序、审计师角色演变、审计性质、数据建模监测和审计报告七个维度对比分析了连续审计与传统审计方式之间的差异，从审计程序自动化、审计数据建模、审计数据分析和出具审计报告四个阶段深入研究了连续审计模式的应用流程。

（二）国内相关研究

纵观既有研究发现，国内相关学者还探究了计算机联网审计的风险控制、计算机联网审计绩效评价、计算机联网审计中的现实困境与对策等方面的问题。

1. 关于计算机联网审计的风险控制研究

关于计算机联网审计的风险控制研究，陈伟和刘思峰（2007）基于业务持续计划（BCP）的视角分析了计算机联网审计风险控制问题，具体探讨了计算机联网审计系统在数据采集、数据传输和数据存储三方面可能存在的风险，并结合业务持续计划（BCP）的基本原理提出了计算机联网审计系统风险控制方案。陈伟和 Smieliauskas Wally（2012a）从云平台控制、云平台选择和云平台服务三大视角分析了审计机关在云计算环境下实施计算机联网审计所需面临的风险。其中，基于云平台控制视角分析，需要考虑云计算供应商的灾难恢复与业务持续策略、数据安全、数据隔离、数据完整性和监管规范问题；基于云平台选择视角分析，需要考虑云计算供应商的经营状况和服务水平、云平台的地理位置和云平台安全保障问题；基于云平台服务视角分析，需要考虑云服务支持、云服务可靠性和云平台的友好性问题。张永杰（2015）研究指出，建构养老保险基金联网审计安全管理子系统主要应当从养老保险基金联网审计系统的运行安全和应用安全两个层面进行设计，以控制养老保险基金联网审计系统整体运行风险。黄冠华（2016b）研究认为，审计机关基于区块链技术实施计算机联网审计业务应当从系统层面、应用层面和操作层面三大层面进行计算机联网审计风险控制。此外，还有部分学者基于 XBRL 环境探讨了计算机联网审计的风险控制问题。例如，陈留平和刘艳梅（2011）研究认为，XBRL 技术有利于减少计算机联网审计风险，促进计算机联网审计风险控制。黄冠华（2018）采用网络分析法（ANP）与模糊综合评估法（FCE）相结合方法量化评估了 XBRL 环境下的计算机联网审计风险，根据计算机联网审计风险的影响因素构建了 XBRL 环境下的计算机联网审计风险模型。

2. 关于计算机联网审计的绩效评价研究

关于计算机联网审计的绩效评价研究，陈伟和尹平（2007）研究认为，审计机关实施计算机联网审计应当具有技术可行性、法律可行性、操作可行性和经济可行性，并结合计算机联网审计的基本原理分别采用净现值法和回收期法详细分析了计算机联网审计的成本和效益评价问题。陈伟（2011）探究了层次分析法（AHP）在计算机联网审计绩效评价中的应用，着重从建立审计绩效评价层次结构模型、构造判断矩阵、计算权重和审计绩效评价最终模型的建立四个方面分析了运用层次分析法（AHP）开展计算机联网审计绩效评价的关键步骤和具体算例，同时指出了运用层次分析法（AHP）评价计算机联网审计绩效的不足之处。例如，在构造判断矩阵时，评价指标重要性的确定尚缺乏客观的标准和程序，容易导致各个评价指标之间的重要性不一致。陈伟等（2012a）研究了灰色关联分析法在计算机联网审计绩效评价中的应用，基于计算机联网审计绩效的影响因素建构了灰色关联分析模型，用以定量评价审计机关在计算机联网审计中所取得的工作绩效。陈伟等（2012b）基于动态绩效评价的视角，采用层次分析法（AHP）和 GM（1，1）的组合应用方法进一步探讨了计算机联网审计绩效评价问题，即采用 AHP 模型可以评价正处于实施阶段中的计算机联网审计项目绩效，通过 GM（1，1）模型可以预测和分析计算机联网审计项目的潜在绩效。同时，陈伟和 Smieliauskas Wally（2012b）根据等级法（RC）和层次分析法（AHP）在计算机联网审计绩效评价中存在的主要缺陷，探讨了采用等级法（RC）和层次分析法（AHP）相互组合的方法在计算机联网审计绩效评价中的应用，这种组合方法可以有效提高各项评价指标权重计算的准确性，进而有利于改进计算机联网审计绩效评价效果。此外，姚升保和韩用明（2015）基于计算机联网审计绩效评价指标之间的交叉关联性特征，采用模糊积分原理建构了计算机联网审计绩效评价模型，并通过案例的形式详细分析了模糊积分法在计算机联网审计绩效评价中的具体应用。

3. 关于计算机联网审计的现实困境与对策研究

关于计算机联网审计的现实困境与对策研究，张春伟（2009）研究了基层审计机关开展计算机联网审计的困境和对策，研究认为基层审计机关的计算机联网审计困境主要表现在基层政府部门与被审计单位对计算机联网审计的认识不足、计算机联网审计的建设经费与计算机联网审计人才短缺、相关制度与技术缺失难以保证计算机联网审计的安全性等，据此提出了相应的解决对策。潘烁（2010）、郑卫（2010）从法律制度、人才基础和技术条件等方面分析了计算机联网审计的困境及其对策。郑睿青（2011）重点从计算机联网审计制度制定、审计软件研发和审计人才培养三个方面探讨了推进我国计算机联网审计发展的政策建议。宋英（2011）研究认为，被审计单位对计算机联网审计的认识不足、基础设施不完善、关于计算机联网审计程序和标准方面的制度不规范以及审计风险等方面的问题制约了计算机联网审计的发展，由此提出了相应的解决对策。林忠华（2016）研究认为，当前我国计算机联网审计面临着被审计单位信息化建设较滞后、计算机联网审计有效性不足、基层审计机关对联网系统的应用较缺乏、审计人员参与度不高和复合型审计人才较稀缺等方面的现实困境，并针对这些困境提出了相应的解决对策。此外，相关文献还探究了计算机联网审计在社保基金审计和养老保险基金审计方面的应用困境与解决对策。例如，针对社保基金联网审计困境与对策方面的研究，罗忠莲（2012）研究认为，社保基金联网审计存在的困境包括联网审计风险较大、联网审计规章制度不完善、联网审计复合型人才较短缺，并从中提出了解决困境的实践对策；张永杰（2012）探讨了审计机关开展社保基金联网审计面临的现实困境及其解决对策，重点从审计数据安全、网络安全、法律法规和复合型人才方面分析了社保基金联网审计的应用困境，并提出建立数据安全控制规程、数据专网传输、强化法规建设和技术规范、构建标准化管理体系等多种解决对策；陕西省审计厅课题组（2014）研究认为，我国养老保险基金联网审计存在三大问题，即缺乏养老保险基金审计数据标准和数据规范体系、尚未建成养老保险基金联网审计方法体系和缺少综合性的审计应用软件；郭丹丹（2015）从网络安全、审计政策法规和审计信息化人才等方面分析了社保基金联网审计存在的问题及其解决对策；孙琳

（2017）从联网审计机制、信息系统安全保密意识、审计风险和审计人员计算机专业水平四个方面探讨了社保基金联网审计面临的困难及其改进意见。针对养老保险基金联网审计的现实困境与对策方面的研究，张永杰和罗忠莲（2015）基于我国计算机联网审计的发展现状，进一步从计算机联网审计的人才困境、安全困境和技术困境三大层面探讨了审计机关实施养老保险基金联网审计所面临的主要困境及其应对策略；黄茂海（2017）研究认为，养老保险基金联网审计主要面临着五点现实困境，即审计人员数量少和综合素养不够高、审计安全性不足、审计人员的计算机联网审计技术有待提高、相关的法律法规欠完善以及审计人员对审计风险重视不足，并由此提出了相应的解决措施。

第二节　养老保险基金审计的文献回顾

国外的养老保险基金审计历史悠久，无论是在理论研究还是实践探索方面均取得了丰硕的成果。然而，国内的养老保险基金审计发展相对缓慢，理论研究成果十分有限，实务界积累的实践探索经验也较少。对养老保险基金审计相关的国内外研究文献进行回顾，有利于了解养老保险基金审计的研究现状。在本节中，关于国外养老保险基金审计的研究，本书将着重回顾养老保险基金计划审计的影响因素及其经济后果方面的研究文献；关于国内养老保险基金审计的研究，本书将着重从养老保险基金审计中存在的主要问题及其解决对策、养老保险基金绩效审计以及养老保险基金审计技术与审计方法三个层面进行相关问题回顾。

一 国外养老保险基金审计相关研究

国外关于社会保障的立法起源于 1601 年英国颁布的《济贫法》，1935 年美国颁布的《社会保障法案》则进一步发展了社会保障立法。19 世纪 80 年代的中后期，德国最早建立了养老保险制度。随后，美国、英国、加拿大、澳大利亚、日本和瑞典等国家也建立了比较完善的养老保险制度体系。迄今为止，国外大多数国家的养老保险制度及其相关的法律法规体系比较完善，大多数国家从立法的高度建立了较完整的养老保险基金审计模式。具体而言，国外养老保险基金审计模式主要包括养老保险基金财务审计和养老保险基金绩效审计。其中，财务审计模式主要是审计养老保险基金财政财务收支活动的真实性、合法性与合规性，其审计目标比较注重养老保险基金的安全性与完整性，审计内容主要包括养老保险基金的征缴、支付、管理使用和投资运营等方面。在养老保险基金绩效审计方面，国外大多数国家建立了较完整的绩效审计理论研究框架以及较成熟的绩效审计方法体系，如美国、英国、加拿大、澳大利亚、日本和瑞典等国家的养老保险基金绩效审计内容已基本涵盖了与养老保险领域有关公共部门使用的所有公共资金或提供公共服务的所有单位和项目，并构建了从养老保险基金的征缴、发放与分配使用等各个环节中的绩效审计监督体系。养老保险基金绩效审计的基本对象是被审计单位的内部控制情况和信息管理系统审计，其审计目标比较关注公共部门养老保险基金（养老金计划、养老金退休计划）的监管与分配使用效益，典型的绩效审计国家主要包括美国、英国和加拿大。目前，关于养老保险基金审计方面的理论研究，国外较多学者采用实证研究方法考察了养老金（养老退休金）计划审计的影响因素及其经济后果，本项目将重点回顾这方面的研究文献。

（一）养老保险基金计划审计研究

纵观既有的相关研究，国外学者对养老保险基金审计的理论研究主要集中在养老保险基金计划审计（养老金计划审计、养老退休金计划审计）方面，大量学者基于审计的角度考察了养老金计划的影响因素及其经济后果。其中，在养老金计划的影响因素方面，已有研究发现审计委员会会计专家能够影响养老金计划资产的预期回报率。例如，Comprix 等（2017）考察了审计委员会会计专家对养老金计划资产预期回报率（ERR）的影响，结果发现审计委员会会计专家能够抑制公司内部管理层设定较高的养老金计划资产预期回报率，在审计委员会聘请了会计专家的公司中，养老金计划的资产预期回报率显著更低。这表明加强审计委员会监管有利于控制公司内部管理层擅自提高养老金计划的资产预期回报率这种机会主义行为。在养老金计划的经济后果方面，已有研究发现养老金计划能够显著影响审计师的收费决策和公司的权益资本成本。例如，Cullinan（1997）探究了养老金计划的审计收费问题，结果发现养老金计划客户公司的特征（客户规模和客户风险）与审计收费存在关联性，但在"六大"和非"六大"会计师事务所审计的养老金计划客户公司审计收费之间不存在明显的收费结构差异，这说明会计师事务所的变化不会影响养老金计划客户公司的审计收费。究其主要原因可能是在美国的养老金计划审计市场中，养老金计划的审计收费需要向外公开披露，这消除了大多数其他审计收费研究中可能存在的偏差性。同时，与上市公司审计市场不同的是，养老金计划审计市场并非由"六大"会计师事务所主导，这也是导致养老金计划审计市场的审计收费小于上市公司审计市场审计收费的一个重要原因。类似地，Moeakiola（2014）选取新西兰 2011 至 2013 年定期缴款养老金计划的相关数据，考察了养老金计划对审计收费的影响，结果发现设定养老金计划的客户公司的规模、风险和复杂性显著影响审计收费，但审计市场因素（是否国际"四大"审计）对设定养老金计划的客户公司审计收费没有产生显著的影响。Chen 等（2017）进一步研究发现，相较于没有设定养老金计划的公司，审计师对设定养老金计划的公司平均收取了更高的审计收费，尤其当被审计的客户公司收入对养老金会计估计更为敏感时，或者当公司内部管理层的报酬引发更多风险时，设定养老金计划对审计收费的影响更大。此外，养老金会计估计的操纵程度与异常审计收费显著负相关，这表明审计师认为公司内部管理层操纵养老金的动机增加了与养老金会计相关的审计风险，从而导致审计收费增加。Houmes（2017）考察了福利计划（DBP）公司设定养老金计划对权益资本成本的影响效应以及高质量审计对二者之间关系的调节作用，结果发现养老金计划强度与权益资本成本显著正相关，且高质量审计能够显著削弱这种正相关关系。这表明 DBP 公司设定的养老金计划规模越大，养老金计划强度越大，这意味着公司需要承担的与养老金义务相关的财务风险将越大，因而其权益资本成本相应越高。然而，高质量审计有助于降低与公司养老金义务相关的财务风险，进而有助于削弱养老金计划强度对权益资本成本的正向影响。Hong 和 Hwang（2018）考察了不同级别的养老金资产公允价值投入与计量对公司审计收费的影响，以及养老金资产公允价值的披露要求对公司审计收费的影响，结果发现在 2009 至 2010 年的抽样期间，养老金资产公允价值投入与计量显著地增加了公司审计收费，且养老金资产公允价值的披露要求越详细，会计师事务所要求的审计收费就越高。

（二）养老保险基金其他方面研究

关于养老保险基金审计其他方面的研究，Aliende（1982）研究认为，实施国家养老保险基金审计应当建立完善且独立的审计法规与政策体系，并由权责利明晰的专业审计机构或审计部门负责审查。Yoshida（2006）研究了日本社会保障审计计划及其审计报告，有五点主要研究发现：第一，老龄化社会迅速发展、老龄化社会保障服务需求增加、生育率较低以及社会保障服务资金来源紧张是日本社会保障审计变得越来越重要的重要原因。第二，日本社会保障审计活动频繁。例如，在1997至2003年日本审计委员会的审计活动中，与社会保障相关的审计案件数量占审计总数量比例分别为50.4%、47.2%、49.3%、47.3%、48.1%、53.6%、43.5%，年度审计报告中社会保障相关账户支出占总支出的比例均处于40%至50%之间，且在政府支出明细中，与社会保障有关的支出约占政府总支出的50%。第三，审计委员会能够验证企业采取了哪些措施来提高员工的健康水平以及医疗支出和医疗费用的改善情况，从而可以确认医疗健康支出在企业员工健康方面发挥的作用。第四，根据国家养老保险基金计划，通过有限的人力和预算的优化配置来实现人力与财力资源的均衡配给。最后，从长远角度考虑，有必要在社会保障领域开展定性审计。Mboni（2012）针对现有养老保险基金审计跟踪模型的缺陷进行了评估，结合养老保险基金审计线索模型管理信息系统（PMIS）的实际需求，提出了改进现有养老保险基金审计跟踪模型缺陷的方法，这给养老保险基金监管部门、PMIS管理员等养老保险基金信息主要供给者提供了重要的启示。

二　国内养老保险基金审计相关研究

郑功成（2010）研究指出，养老保险是社会保障体系中最重要的一项制度安排，一个国家或地区的社会保障制度成败很大程度上取决于养老保险制度成败。由此可见，养老保险是整个社会保障制度体系最重要的支柱，养老保险基金是社会保障基金的核心组成部分。基于狭义角度分析，养老保险基金是一种用于支付广大劳动者退休之后的养老保险待遇的专项基金，在内容结构上主要包括基本养老保险基金、企业补充养老保险基金与个人储蓄性养老保险基金三大部分。其中，基本养老保险基金是为了保障劳动者退休后的基本生活，并根据国家养老保险政策相关规定，依法筹集的一种专款专用基金，由参保单位（国家统筹基金）和参保个人（个人账户基金）分别按照一定的缴费比例和缴费基数共同缴费而形成。

1951 年 2 月，《中华人民共和国劳动保险条例》颁布，标志着我国社会保险制度正式建立。1995 年 10 月，我国开始施行《社会保险审计暂行规定》，理论界也开始对养老保险基金审计开展真正意义上的学术研究。近些年，随着我国养老保险制度的不断完善，养老保险事业蒸蒸日上，养老保险基金收支、结余规模随之日益壮大，如何确保养老保险基金规范管理与安全使用成为社会各界普遍关注的问题。审计是保障养老保险基金安全、完整与有效运行的重要手段，养老保险基金审计监管效率问题一直受到党和国家的高度重视。然而，由于我国在养老保险基金审计方面的理论研究起步时间相对较晚，目前学术界在这方面的研究文献积累也较少。国内学者们较多地围绕着养老保险基金审计中存在的主要问题及其解决对策、养老保险基金绩效审计以及养老保险基金审计技术与审计方法三方面的话题进行探讨。为此，本书将着重回顾这三方面的研究文献。

（一）养老保险基金审计问题与对策研究

理清养老保险基金审计中存在的问题并及时采取有效的应对策略有利于提高养老保险基金审计监管效能，确保养老保险基金安全运行，进而促进养老保障事业健康可持续发展。施青林（2003）、施青林（2004）研究认为，养老保险基金管理政策层面主要存在的问题包括养老保险基金财政预算管理弱化、养老保险基金分配机制不完善导致基金分配缺乏透明性、尚未建立养老保险基金省级统筹、养老保险事权与财权不明确、相关的政策法规不完善以及地方管理遗留问题尚未理顺，并从审计角度提出了一系列解决措施。朱红云（2004）研究认为，我国养老保险基金审计视野狭窄、相关的法律法规较滞后、缺少预算管理以及养老保险基金审计尚未真正纳入养老保险基金监管体系，这些问题制约了养老保险基金审计工作的发展，据此提出建立养老保险预算、促进社会保障立法和引入社会审计以实现社会审计与国家审计相结合等相关建议。类似地，刘陆军和王华永（2004）根据养老保险基金管理中存在的问题，从审计角度提出了三点解决对策：围绕养老保险基金收支与结余情况审查养老保险基金财政账户、银行存款收入户与支出户；建立健全社会保障制度，规范养老保险基金审计监管；落实好养老保险基金征收审计、养老保险基金使用（支出）审计以及养老保险基金管理（结余）审计等关键审计环节。梁芬莲（2005）研究认为，我国养老保险基金挤占、挪用等违规违纪现象仍然较普遍，因此建议加强审计监管确保养老保险基金安全完整。徐筱凤（2011）研究认为，养老保险基金隐性债务审计存在的问题主要包括养老保险基金筹集审计制度软约束、养老保险基金支付审计成本较高、内部审计监督不力，进而从加强内部审计和财务收支绩效审计等方面提出了相关建议。徐淑萍（2015）研究认为，我国养老保险基金审计实践中存在的主要问题是养老保险法制管理滞后、内部审计力量薄弱、养老保险基金审计方法落后，进而从审计立法、优化内部审计和推进绩效审计等方面提出了解决对策。隋玉明（2015）研究认为，我国养老保险基金审计基础较薄弱、审计人员专业素养与计算机审计技能不高、养老保险基金管理体制不完善，且缺乏与养老保险基金审计相配套的政策法规、相关的审计技术与审计方法较滞后，这些困难与问题导致养老保险基金审计效果不佳。因此，他分别从养老保险基金筹集审计、养老保险基金管理审计、养老保险基金使用审计与养老保险基金保值增值审计四个方面提出了审计对策。

（二）养老保险基金绩效审计方面的研究

养老保险基金是确保各项养老保险制度顺利实施的物质基础，因而养老保险基金的监管效率及其使用效益成为我国养老保险基金绩效审计的重要内容。当前，相较于国外研究，我国在绩效审计方面的理论研究起步较晚，养老保险基金绩效审计属于较新的研究领域，相关理论研究成果并不多。在养老保险基金绩效审计实务中，大多数审计人员主要运用传统的财务收支审计方法与原理开展绩效审计工作，尚未建立起专门的养老保险基金绩效审计内容框架与方法体系。为此，现有的相关研究主要对养老保险基金绩效审计方法、养老保险基金绩效审计评价指标体系、养老保险基金绩效审计中存在的主要问题及其解决对策进行了探讨。

1. 关于养老保险基金绩效审计方法的研究

关于养老保险基金绩效审计方法的研究，宋良荣和朱英梅（2007）探讨了调查法、统计分析法、问题解析法和碰头会法、质量控制法在养老保险基金绩效审计中的应用。黄巧妙等（2009）探究了趋势分析法在养老保险基金绩效审计中的应用，他们具体通过趋势分析法分析某沿海城市 A 市在养老保险基金收支与累计结余方面的业务数据，并运用趋势图分析养老保险基金的平衡趋势，以预测养老保险基金结余的统筹支付能力和可持续性。结果表明，A 市的养老保险基金总结余不具有可持续性，进而建议在一定范围内增强养老保险基金的征缴力度，以提高养老保险基金结余的支付能力与可持续性，缓解养老保险基金收不抵支的影响。邱玉慧等（2014）以企业职工基本养老保险离退休人员待遇调整绩效审计为研究对象，采用统计分析和可视化技术对 X 省的养老保险离退休人员待遇调整信息进行大数据分析和绩效审计评价，结果发现我国现有的养老金调整机制拉大了养老金的分配差距，因而建议在现有的养老金调整机制中应当增加"保底"规则。这也充分说明，未来研究应当加强探索大数据技术在养老保险基金绩效审计中的应用途径与实现方法，以提高养老保险基金绩效审计工作效率与审计效果。

2. 关于养老保险基金绩效审计评价指标体系的研究

关于养老保险基金绩效审计评价指标体系的研究，侯尧文和曹广明（2007）研究认为，建构社会保险基金管理绩效审计评价体系是监督、约束和指导社会保险基金管理绩效审计工作的重要机制，因而他们从定量指标、定性指标以及定量指标与定性指标相结合三个方面建构了社会保险基金管理绩效审计评价指标体系的内容框架，这对养老保险基金绩效审计评价指标体系建构具有重要的借鉴作用。宋良荣和朱英梅（2007）从经济性、效率性和效果性三方面分析了养老保险基金绩效审计的"3E"审计目标，并从绩效评价的制度规范、监督职能与咨询职能三方面设计了养老保险基金绩效审计的基本框架，从反映经济性目标、反映效率性目标和反映效果性目标三个层面设计了养老保险基金绩效审计的评价指标体系。韩庆兰和刘沙（2011）研究认为，养老保险基金绩效审计是确保养老保险基金规范管理和有效运行的制度性保障，建立健全养老保险基金绩效审计评价体系是推进养老保险基金绩效审计的关键，因而他们基于预算管理的视角分析了养老保险基金绩效审计评价指标体系的建构目标与原则，并运用定量指标与定性指标相结合的方式，从养老保险基金预算决策制定、预算编制、预算执行和执行结果四个维度探讨了养老保险基金绩效审计评价指标体系的建构。童纪新和龚剑峰（2011）运用平衡计分卡（BSC）的思想原理，从公共服务、内部流程、财务、学习与成长四个维度建构了养老保险基金绩效审计评价指标体系，并建构了涵盖1个目标层指标、4个准则层指标和16个指标层指标的养老保险基金绩效审计评价指标体系，运用D－S理论和D－S模型对养老保险基金绩效审计评价问题开展了案例研究。甘卓霞（2012）研究认为，养老保险基金绩效审计评价指标体系的设计应当兼顾经济效益和社会效益两方面，因而分别从财务指标、社会指标、内部环境指标、学习与成长指标四个维度设计了养老保险基金绩效审计评价指标体系。刘文敬（2013）采用定量指标与定性指标相结合方式，从养老保险基金的筹集、支付和运营管理三个方面探索建构了养老保险基金绩效审计评价指标体系。

3. 关于养老保险基金绩效审计存在问题及其解决对策的研究

关于养老保险基金绩效审计存在问题及其解决对策的研究，卿智群和范芳文（2004）研究认为，养老保险基金的规模大、隐性债务大，因而迫切需要开展养老保险基金绩效审计，并认为审计人员应当从养老保险基金的征缴、投资、隐性债务、信息网络管理系统建设和管理服务社会化等方面把握养老保险基金绩效审计重点，同时借鉴国外养老保险基金绩效审计经验，运用商业保险公司审计经验开展养老保险基金绩效审计。杨雅莉（2013）研究认为，养老保险基金绩效审计存在两大问题，一是缺乏理论与实践框架，二是审计人员缺乏绩效考核。因此，针对这两大问题提出了相应的解决策略。吕祯琳（2015）研究认为，我国养老保险基金绩效审计存在的主要问题是缺乏相关的法律法规、缺乏专门的绩效审计方法以及规范的绩效审计评价监管系统，并研究指出产生这些问题的主要原因在于我国绩效审计理论研究与实践经验较缺乏、社会公众对养老保险基金的监督意识较薄弱以及传统财务收支审计方法的制约。为此，针对这些问题及其产生的主要原因提出了相应的解决策略。谭美珍（2016）研究认为，强化养老保险基金绩效审计有利于提高养老保险基金投资运营效率，并研究指出目前我国养老保险基金绩效审计缺乏专门的法律依据和评价体系、相关的绩效审计技术与方法较滞后、政府干预削弱了审计机关的独立性与权威性，这些问题不利于审计机关开展养老保险基金绩效审计。因此，有必要加强养老保险基金绩效审计政策制度建设，构建养老保险基金绩效审计评价指标体系，提高审计人员的综合素养及其独立性。

（三）养老保险基金审计技术与方法研究

养老保险基金审计是社会保障基金审计的一个重要分支。社会保障基金审计的发展历程直接关乎养老保险基金审计技术与方法的演变。我国社会保障基金审计发展30多年来，审计方法主要经历了由传统的现场手工账本式审计、计算机辅助审计向联网审计的转变。1983年，审计署成立之后便开始手工审计民政事业费等专项资金，这实质上是我国社会保障基金审计的一个雏形。1994年，《中华人民共和国审计法》的颁布，明确了社会保障基金审计的范畴和职责。1998 年，审计署社会保障审计司的设立，标志着我国对社会保障基金的审计监督逐步走上了规范化发展道路。从 2005 年开始，随着审计信息化系统建设项目的启动，我国社会保障基金的审计目标与审计方法发生了较大转变。例如，审计目标开始更加注重实现审计监督的"免疫"功能，更加强调社会保障基金合法性审计、合规性审计与效益性审计相结合；审计方法逐步转向社会保障基金全过程跟踪式审计，并开始探索将现场手工账本式审计向计算机辅助审计和联网审计转变，以实现静态审计与动态审计相结合的审计。梳理现有的相关文献可知，在养老保险基金审计技术与方法方面的研究，除了刘凤翔和唐德云（2006）、钮铭钢（2011）少量文献探讨 AO 审计方法在养老保险基金审计中的应用，学者们主要从养老保险基金计算机辅助审计和养老保险基金联网审计两方面展开了探讨。

1. 关于养老保险基金计算机辅助审计方面的研究

关于养老保险基金计算机辅助审计方面的研究，喻丽和王丽琳（2006）研究认为，现场审计与非现场审计相结合方法是提高养老保险基金审计效率、降低养老保险基金审计成本的重要方式，即审计机关在养老保险基金审计中应当在现场审计的基础上充分运用计算机辅助审计技术，在养老保险基金运营过程中开展以计算机辅助审计为主的非现场审计。王万民和刘俊平（2007）针对养老保险基金征缴申报、登记审核和管理审计，养老保险待遇虚报冒领审计，离退休人员养老金审计，养老保险基金个人账户审计中存在的突出问题提出了相应的计算机审计方法与审计重点。樊芬霞（2009）分析了养老保险基金审计的现实意义，并从审计数据采集和审计数据分析两个方面分析了审计机关运用计算机辅助审计方法开展养老保险基金审计的基本步骤。其中，在审计数据采集方面，首先要通过审前调查了解养老保险基金业务流程和数据存储方式，其次要确定审计数据采集的内容和目标，最后要选择合适的审计数据采集方式导入数据；在审计数据分析方面，首先要审查分析养老保险基金记账凭证以锁定审计疑点，其次要根据审计疑点开展审计取证与查证分析，最后是编制审计工作底稿、提出审计意见和出具审计报告。类似地，刘凌峰（2011）主要从审前调查、审计数据采集和审计数据分析三个方面分析了计算机辅助审计的基本步骤，并结合企业职工基本养老保险基金计算机辅助审计案例详细地探讨了计算机辅助审计模型在养老保险基金审计中的具体应用。赵华和谭健（2014）以机构养老保险政策绩效计算机审计为研究对象，从审计数据采集与数据转换、计算机审计分析模型的建构和计算机审计实施三个方面分析了机构养老保险政策绩效计算机审计的总体审计思路与实现步骤。宗勇（2014）介绍了养老保险基金审计调查中主要运用的计算机审计方法，并重点探讨了养老保险基金的财务数据审计、业务数据审计以及养老保险缴费基数合规性审计三个方面所涉及到的计算机审计方法、审计思路与基本步骤。

2. 关于养老保险基金联网审计方面的研究

关于养老保险基金联网审计方面的研究，在理论研究层面，正如前文关于计算机联网审计方面的文献回顾所述，相关学者探讨了联网审计在养老保险基金审计中的应用。例如，在养老保险基金联网审计系统建构方面，张永杰（2015）基于云计算视域探究了养老保险基金联网审计的预审分析子系统和安全管理子系统建构思路、方法及其实现流程；在养老保险基金联网审计困境及其对策方面，张永杰和罗忠莲（2015）探讨了养老保险基金联网审计在人才、安全和技术三方面的困境与解决对策；黄茂海（2017）进一步分析了养老保险基金联网审计在法律法规和审计风险方面存在的现实困境及其解决对策。在实践探索层面，随着"金审工程"向纵深推进，审计信息化发展步伐逐渐加快。为适应审计信息化发展需求对养老保险基金审计提出的新要求，我国各省市各地区各级审计机关正在大力推动养老保险基金审计技术与审计方法创新，积极探索联网审计在养老保险基金审计领域中的应用途径。首先，在养老保险基金联网审计规章制度建设方面，计算机联网审计和社会保险计算机审计方面的规章制度有《计算机审计方法流程图编制规范》《社会保险审计数据规划》《联网审计系统规格说明书》《社会保险计算机审计方法体系》等，为审计机关开展养老保险基金联网审计实践提供了重要的制度依据。其次，在养老保险基金联网审计应用软件方面，山东省青岛市审计局（2005）和江苏省太仓市审计局（2007）等部分审计机关开展了大量的实践与探索，成效良好。最后，在养老保险基金联网审计系统建构方面，陕西省审计厅（2011）、云南省审计厅（2011）、宁夏回族自治区审计厅（2013）和江苏省审计厅（2015）等相关的省级审计机关开展了积极实践与探索，取得了良好的成效。

第三节　文献述评

国内外关于计算机联网审计方面的研究文献集中从如下三个方面展开探讨：（1）计算机联网审计实现技术方面的研究表明，国外学者主要探讨了并行审计技术、审计命令语言 ACL、可扩展标记语言 XML、Web 服务技术、可扩展业务报告语言 XBRL 技术、云网络安全技术、云计算存储技术、动态数据结构 DCT 技术以及大数据技术等相关技术在联网审计（连续审计）中的应用；国内学者主要探讨了联网审计的组网技术、网络安全技术、联网审计数据采集、数据传输、数据存储、数据访问和审计预警等方面的关键实现技术以及云计算技术、大数据技术和区块链技术等相关技术在联网审计中的应用。（2）计算机联网审计应用软件方面的研究表明，在国外，计算机辅助审计实践起步时间较早，从而为计算机联网审计（连续审计）应用软件的研究与开发奠定了良好条件；在国内，上至审计署下至各省市地方审计机关以及各类专业软件公司积极投入计算机审计应用软件研究中，当前研发的《通用审计软件》等审计软件在我国计算机联网审计实践中发挥了重要的作用，且部分省市地方审计机关研发的社会保障基金（养老保险基金）审计软件已在实践中取得了良好成效。（3）计算机联网审计系统建构方面的研究，国内相关文献要么从整体上研究计算机联网审计系统的逻辑结构，要么基于某种特定的审计技术应用环境（例如云计算技术、区块链技术等）研究计算机联网审计系统的理论建构思路、方法及其实现流程，这为本书研究提供了一定的理论启示与经验借鉴。然而，系统深入地探究养老保险基金联网审计系统建构方面的国内外研究文献均较少。为此，基于当前我国审计信息化背景，进一步强化养老保险基金联网审计系统建构的需求分析、总体架构设计及其功能模块、应用流程与效果评估等方面的综合性探究显得格外重要和迫切。

国内外关于养老保险基金审计方面的研究表明：（1）在国外，大多数国家建立了较完善的养老保险制度，养老保险基金审计模式以财务审计和绩效审计为主，且在绩效审计方面已形成了较为完善的理论研究框架和审计方法体系，养老保险基金审计内容全面且审计范围广泛。尤其在养老保险基金计划审计研究方面，较多学者运用实证研究方法深入考察了养老保险基金计划审计的影响因素及其经济后果。（2）在国内，各项养老保险制度尚处于完善之中，当前的养老保险基金审计模式以财务审计为主，相关文献尽管探讨了养老保险基金审计中存在的问题与对策、养老保险基金审计技术与方法，但由于理论界在养老保险基金审计方面的研究时间并不长，这方面的文献积累整体上还是偏少，尤其关于审计信息化背景下的养老保险基金联网审计系统建构问题尚未得到深入研究。同时，在养老保险基金绩效审计方面，学者们对养老保险基金绩效审计的具体方法、绩效审计评价指标体系以及绩效审计中存在的问题与对策展开了大量研究，这从理论层面上推进了养老保险基金绩效审计的发展进程，但我国的养老保险基金绩效审计在实践层面上仍处于初步探索阶段，尤其是养老保险基金联网审计绩效评估问题尚未得到理论界与实务界重视，因而这也成为本书研究中拟重点探讨的问题。

本章小结

本章采用文献研究法对国内外关于计算机联网审计和养老保险基金审计方面的研究文献进行了较为系统的回顾，为后续研究提供了基础的理论依据。国外计算机辅助审计开展历史悠久，联网审计发展迅速并成为主流审计方法，养老保险基金联网审计理论与实证研究成果都较丰富。国内计算机辅助审计起步较晚，但一直保持着良好的发展趋势，各级审计机关积极开展了养老保险基金联网审计实践，成效良好，但缺乏关于养老保险基金联网审计系统建构的理论研究。

第二章　养老保险基金联网审计
系统建构的理论概述

　　前一章内容主要运用文献研究法系统地梳理、归纳、总结和评述了计算机联网审计以及养老保险基金审计领域的国内外研究文献。从中可以发现，我国部分审计机关在养老保险基金联网审计方面开展了积极的实践，并取得了良好的成效，但是关于养老保险基金联网审计系统建构方面的综合性理论性研究成果却较为缺乏，难以为养老保险基金联网审计实践提供参考，这为本书进一步的拓展研究留下了空间。理论概述是全面而深入地分析问题的重要基础和源泉。探究任何问题的起点往往是对该问题将涉及的基础理论、关键概念以及与概念相关的主要特征进行理论阐述，据此构建一个进行研究所需的整体理论框架。如图 2 - 1 所示，本章将主要从如下三个方面探索构建本书的理论研究框架：一是养老保险基金联网审计系统建构的基础理论解析；二是养老保险基金联网审计系统建构的关键概念界定；三是养老保险基金联网审计的基本原理及其主要特征。

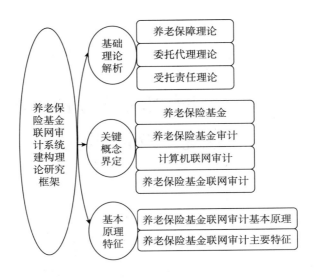

图 2 - 1　理论研究框架

第一节　养老保险基金联网审计系统建构的基础理论解析

本书研究需要综合运用社会保障、计算机和审计等多个学科领域的理论知识，有必要理清养老保险基金联网审计系统建构需要运用的基础理论。为此，在本节中，笔者将解析养老保障理论、委托代理理论和受托责任理论三个基础理论。

一　养老保障理论

家家有老人，人人都会老，养老保险是整个社会保障制度体系中最重要的一项制度安排，它的成败对整个社会保障制度具有特别重要的影响（郑功成，2015）。改革开放 40 周年，我国社会保障体系已经从总体上完成了制度转型，实现了从国家—单位保障制到国家—社会保障制的转型，社会保障已经成为全体人民共享国家发展成果的基本途径与制度保障（郑功成，2018）。同时，养老保障制度改革与理论创新也取得了丰硕的成果。然而，老龄化人口比例的不断增长将使我国面临着越来越严峻的养老保障形势，进一步推进养老保障理论发展、加强养老保障制度顶层设计、提升养老保障服务水平已势在必行。目前，我国已形成了以基本养老保险、企业补充养老保险和个人储蓄性养老保险为主的多层次、多支柱的养老保障制度体系，实现了以国家政府、企业和参保者个人"三方"为缴费主体的养老保障模式。这种多层次的养老保障体系和多元化的养老保障责任主体有力地促进了养老保障由制度全覆盖向人口全覆盖的过渡与转变，在一定程度上也有助于缓解严峻的养老保障形势。2010年1月21日，在北京举行的"养老保障理论与政策——中国经济社会发展智库第2届高层论坛"已明确提出："推动养老保障理论与政策的完善有助于和谐社会建设、有助于推动科教兴国与人才强国战略的实施、有助于应对国际经济金融危机"（黄娟、胡乐明，2010）。由此可见，养老保障不仅关系民生福利，还关系到中国经济发展和社会建设。然而，在养老保障理论与政策制度发展过程中，依然还需要遵循"理论指导实践，实践检验理论并促进理论发展，最终实现理论与实践共同发展"的基本原则。本书旨在探索养老保险基金联网审计系统建构问题，在理论层面上需要以相关的养老保障理论与政策制度为指导，在实践层面上又能够检验相关的养老保障理论与政策制度效果，从中发现养老保障理论与政策制度在实践运行中存在的缺陷，进而有助于推进新时代下我国的养老保障理论与政策制度发展逐步走向完善。

二 委托代理理论

委托代理理论（Principal – Agent Theory）是反映所有权与经营管理权相互分离的一种关系理论，涉及委托人和代理人双方当事人。王淑梅（2008）研究认为，审计关系实质上是一种双重代理关系，一方面体现为审计委托人与被审计人（相当于代理人）双方之间的管理权或经营权代理关系（即审计委托人将资产物资的管理权或经营权委托给被审计人），另一方面又体现为审计委托人与审计人（审计机关即为代理人）双方之间的审计代理关系。由于在养老保险基金联网审计监管中，其审计主体主要以国家审计（政府审计）的类型存在，因此，本书研究认为，借鉴王淑梅（2008）的研究，从审计关系的角度分析，养老保险基金联网审计涉及两层委托代理关系；第一层是管理代理关系，即养老保险基金审计委托人与养老保险基金经办机构及其相关的管理部门、养老保险基金委托管理公司等被审计人（审计客体）双方之间的经营管理权代理关系；第二层是审计代理关系，即养老保险基金审计委托人与审计机关双方之间的审计代理关系。委托代理关系本质上也是一种契约关系，委托人基于契约关系聘用代理人履行某些权力（经营权、管理权甚至决策权）（Jensen & Meckling，1976）。然而，委托代理双方当事人在行为决策过程中都以自身利益最大化为根本目标，只有当委托代理双方当事人之间的利益目标比较一致时，代理人损害委托人利益的动机才有可能变弱。否则，委托代理关系中必然产生委托代理成本。从这个角度来分析，养老保险基金审计委托人（养老保险基金所有权人）委托审计机关行使养老保险基金审计监管权（例如，对养老保险基金征缴、支付、管理、投资运营、预算决算与财务核算等各个环节进行审查），一定程度上能够降低养老保险基金所有权人与养老保险基金经办机构及其相关的管理部门、养老保险基金委托管理公司等被审计人（审计客体）双方之间的委托代理成本，进而促进养老保险基金的规范管理和有效运行，在确保养老保险基金的安全性和完整性基本条件下实现保值增值目标。

三 受托责任理论

通常情况，受托责任不仅反映经济关系中的受托责任还反映社会关系中的受托责任。受托责任理论（Responsibility Theory）也被称为受托经济责任理论（Financial Responsibility Theory）。受托责任理论实质上源于委托代理理论。受托经济责任关系需要涉及委托方和受托方（代理人）两个当事人，由委托方将其资产财物的经营管理权授予受托方，受托方在接受委托方的托付之后所需要承担的责任义务即为受托责任（王光远，2004）。在现实生活中，受托经济责任关系相当普遍。审计作为一种外部监督机制和独立的经济监督行为，在其产生和发展过程中离不开受托经济责任。受托经济责任是形成审计关系的外部机理，审计关系是包含审计受托方（审计机关）、被审计方和审计委托方（授权方）的"三方"关系（王淑梅，2008）。为此，本书研究认为，具体从养老保险基金审计监管的角度分析，在养老保险基金审计关系中，自然形成了一种由养老保险基金审计受托方（审计机关）、被审计方（养老保险基金经办机构及其相关的管理部门、养老保险基金委托管理公司等）和养老保险基金审计委托方或授权方（养老保险基金的所有权人，即国家政府、参保企业与参保者个人"三方"）"三方"关系所组成的公共受托经济责任关系。具体而言，作为审计委托方（授权方）的养老保险基金所有权人将养老保险基金的审计监管权授予审计机关，由审计机关在接受审计委托方的托付之后负责对养老保险基金经办机构及其相关的管理部门、养老保险基金委托管理公司等被审计方所经办管理或委托管理（托管）的养老保险基金的安全性和完整性进行审查监督。由此可见，养老保险基金审计监管过程在本质上蕴含着由审计受托方、被审计方和审计委托方"三方"审计关系所组成的公共受托经济责任关系。因此，受托责任理论是本书研究中的一个重要基础理论。

第二节　养老保险基金联网审计系统建构的关键概念界定

在养老保险基金联网审计系统建构研究中，本书涉及的关键概念包括养老保险基金、养老保险基金审计、计算机联网审计和养老保险基金联网审计。为此，在本节中，在界定前述四个关键概念的基础上对各自的主要特征进行理论剖析。

一　养老保险基金的基本概念与主要特征

养老保险制度在我国社会保障制度体系中居于支柱地位。作为社会保障基金核心组成部分的养老保险基金是社会保障制度体系实现有效运行的物质基础。郑秉文（2014）研究认为，养老保障是国家治理体系的一个重要子系统，是推动国民经济和社会发展的一个重要支柱，养老保险基金是关乎国计民生、经济发展和社会稳定的一种战略性保障资金。这充分体现了养老保险基金的战略地位及其在我国经济社会发展和民生保障中发挥的重要作用。基于我国养老保险基金的基础性作用进行分析，国家依法筹集养老保险基金的主要目的在于保障广大劳动者退休之后的基本生活需求，政府相关机构通过为符合领取养老保险退休金条件的退休职工按照规定如期支付养老退休金（这是一种最主要的养老保险待遇）的方式保障退休职工的基本生活。养老保险基金是探索养老保险基金联网审计系统建构首先需要明确的一个关键概念。本书将结合我国养老保险制度的实践发展历程和相关的理论内容界定养老保险基金的基本概念，并解析其主要特征。

（一）养老保险基金的基本概念界定

迄今为止，历经六十余年，我国的养老保险制度从无到有、从初步创建到不断走向完善和成熟总共经历了四个主要的发展阶段：首先是创建时期（1951—1965 年），1951 年 2 月国家政务院颁布的《中华人民共和国劳动保险条例》成为我国养老保险制度创建阶段的重要标志，全国统一的养老保险制度开始走向制度化和正规化发展轨道。其次是发展停滞时期（1966—1976 年），该阶段主要受当时国家社会经济发展环境和文化背景的影响，养老保险制度发展几乎处于停滞时期，养老保险基金统筹部分全部由企业自行负担，养老保险退休制度也中断实行。再次是恢复调整时期（1977—1992 年），在该阶段国家逐步采取渐进方式恢复和调整养老保险制度，养老保险退休制度开始恢复实行，养老保险待遇计算方法得到适度调整。最后是改革创新时期（1993 年至今），该阶段我国开始根据中国国情推行养老保险制度改革，探索具有中国特色的养老保险制度创新。例如，实行国家统筹与个人账户相结合的养老保障模式、推行基本养老保险退休待遇社会化发放、调整养老保险待遇计发办法等。1991 年 6 月，国务院颁布的《关于企业职工养老保险制度改革的决定》（国发〔1991〕33 号）明确规定："随着经济的发展，逐步建立起基本养老保险与企业补充养老保险和职工个人储蓄性养老保险相结合的养老保险制度"，这意味着我国将逐步建立起养老保险管理社会化、养老保险缴费由国家、企业和职工个人共同负担、结构多层次、养老保险待遇与养老保险缴费相联系的一体化的适用于各类企业的养老保险制度。1997 年 7 月，国务院颁布的《国务院关于建立统一的企业职工基本养老保险制度的决定》（国发〔1997〕26 号）进一步明确规定："各级人民政府要把社会保险事业纳入本地区国民经济与社会发展计划，贯彻基本养老保险只能保障退休人员基本生活的原则，为使离退休人员的生活随着经济与社会发展不断得到改善，体现按劳分配原则和地区发展水平及企业经济效益的差异，各地区和有关部门要在国家政策指导下大力发展企业补充养老保险"，这意味着企业补充养老保险从此得到国家大力发展。在养老保险待遇方面，从 2005—2018 年我国连续 14 年提高企业退休职工养老保险待遇。2018 年 6 月，国务院颁布的《关于建立企业职工基本养老保险基金中央调剂制度的通知》，决定建立养老保险基金中央调剂制度，并从 2018 年 7 月 1 日起实施。这些变化意味着我国的养老保障水平正在逐年提高。

尽管我国的养老保险制度从 20 世纪 90 年代才开始逐步建立，但目前已建成了涵盖以基本养老保险、企业补充养老保险和个人储蓄性养老保险为主的多层次、多支柱的新型养老保险制度体系，该制度体系还在逐步发展与完善之中。为此，养老保险基金包括基本养老保险基金（主要包括基本养老退休金）、企业补充养老保险基金和个人储蓄性养老保险基金。其中，作为第一支柱的基本养老保险是指由国家统一规定并强制实施的法定保险。基本养老保险基金（Basic Pension）是国家依法筹集的一种专款专用基金，其构成了养老保险基金最核心的组成部分和最重要的缴费来源。在基金构成上，基本养老保险基金由国家统筹基金和个人账户基金两部分所组成，即在缴费原则上由国家、用人单位和参保者个人三方根据当年的缴费基数和各自的缴费比例共同缴费或者由用人单位和参保者个人双方共同缴费。在基金用途上，基本养老保险基金最主要的作用在于保障广大劳动者退休之后的基本生活需要，为退休人员提供稳定可靠的基本生活资金来源。作为第二支柱的企业补充养老保险是指由企业根据自身的经济实力，在国家规定的实施政策和实施条件下为本企业职工建立的一种辅助性养老保险。企业补充养老保险基金是指企业在国家相关政策的指导下，根据自身的经济效益与支付能力而自主决定参加缴纳的补充养老保险费，并由社会保险经办管理机构按照社会保障号码（国家标准 GB11643 – 89）统一记入企业职工养老保险个人账户。作为第三支柱的个人储蓄性养老保险是由企业职工自愿参加、自愿选择经办机构的一种补充保险形式。个人储蓄性养老保险基金是由企业职工个人根据自身的收入水平而自愿申请缴纳的个人储蓄性养老保险费，并由社会保险经办管理机构按规定统一记入职工养老保险个人账户。此外，从广义角度而言，养老保险基金还包含由全国社会保障基金理事会（简称"社保基金会"）负责管理运营的专门用于人口老龄化高峰时期养老保险基金支出的补充与调剂部分，即由社保基金会负责管理运营的作为国家战略储备性基金的基本养老保险基金部分也是养老保险基金的重要组成部分。

　　综上所述，本书研究认为，广义上的养老保险基金主要包括基本养老保险基金、企业补充养老保险基金、个人储蓄性养老保险基金以及由社保基金会负责管理运营的基本养老保险基金四个部分；狭义上的养老保险基金主要是指基本养老保险基金（由国家统筹基金和个人账户基金两部分构成)，包括企业职工基本养老保险基金、机关事业单位职工基本养老保险基金和城乡居民养老保险基金三个部分。本书研究的养老保险基金主要是指狭义上的养老保险基金。

（二）养老保险基金的主要特征分析

养老保险基金是养老保险制度乃至整个社会保障制度有效运行的重要物质基础。根据本书研究的养老保险基金所属范畴解析养老保险基金的主要特征。如图 2 - 2 所示，我国的养老保险基金具有强制性、互济性和增值性三个主要特征。

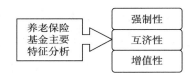

图 2 - 2 养老保险基金的主要特征

第一，养老保险基金具有强制性。

我国基本养老保险属于国家法定保险，由国家按照统一的政策规定强制性执行。这种由国家立法、强制实行、企业单位和个人都必须参加的养老保险，集中体现了养老保险基金的强制性特征。一方面，养老保险基金的强制性是指养老保险基金的征缴、支付、管理使用和投资运营等各个业务环节必须依法开展，关于养老保险参保条件、养老保险申报核定、养老保险基金的缴费基数、缴费比例、缴费程序以及养老保险基金支付程序、养老保险基金管理使用程序和投资项目等各方面都由国家相关的政策法规统一规定。另一方面，养老保险基金的强制性是指由养老保险经办管理机构按照国家相关的政策法规，根据一定的缴费基数和缴费比例，对符合参保条件的单位和个人依法办理养老保险基金缴纳程序的过程。郑功成（2010）研究认为，养老保险肩负的是在劳资分责、政府补贴的基础上平滑人生消费并为老年阶段提供经济保障的使命。因而，养老保险是社会保障体系中最重要的一项制度安排，一个国家或地区的社会保障制度成败很大程度上取决于养老保险制度成败。养老保险制度如此重要的地位决定了我国的基本养老保险属于国家法定保险，必须由国家按照统一的政策规定强制性执行。养老保险制度的强制性执行性质也决定了养老保险基金具有强制性的特征。

第二，养老保险基金具有互济性。

从社会保障制度的互助共济性解析养老保险基金的互济性。郑功成和郭林（2017）研究认为，在国家主席习近平提出的"五大发展理念"中，共享发展理念所主张的共建共享要求社会保障坚持责任分担与互助共济机制。这说明互助共济是社会保障的天然属性，这种互助共济性体现为能够实现健康者与伤病者之间、长寿者与短寿者之间、失能者与健全者之间、在业者与失业者之间、顺境者与困境者之间、雇主与雇员之间的互助共济，而且基于社会保障制度的强制性而言，这种互助共济性还能够实现不同收入群体之间、代与代之间、地区之间的互助共济。由此可知，养老保险基金作为养老保险制度乃至整个社会保障制度体系运行的重要物质基础，其也应当具有互助互济性。从本质上而言，养老保险制度也是一种国民收入再分配制度。换言之，养老保险基金是在国民收入初次分配与再分配的过程中积累形成的，是从国家财政收入、企业经济收入和劳动者个人收入中分解出来的一种专门用于发展养老保障事业的社会互助互济基金，体现了养老保险基金具有较广泛的社会互助互济特征。从养老保险基金的缴费来源分析，基本养老保险基金主要来源于国家（财政拨款）、用人单位（参保企业）和参保者个人三方缴费，这种"三方负担"的基金筹集原则充分体现了养老保险基金具有"一人为众，众人为一"的社会互助互济特征。其中，国家和用人单位缴费部分形成国家统筹基金，参保者个人缴费部分形成个人账户基金。养老保险国家统筹基金是国家财政缴费和所有用人单位缴费都统一记入一个账户中，形成一个公共基金账户，再从这个公共基金账户中将统筹基金支付给符合养老保险待遇发放条件的退休人员。国家统筹与个人账户相结合的养老保险模式是一种具有中国特色的制度安排（汪伟，2012）。整体而言，养老保险基金的互济性一方面表现为养老保险制度实行国家统筹与个人账户相结合的模式，另一方面表现为养老保险基金实行平衡调剂制度，国家统筹和平衡调剂是养老保险基金互助互济特征的集中体现。

第三，养老保险基金具有增值性。

郑功成（2010）研究认为，从理论上分析，我国基本养老保险制度选择国家统筹和个人账户相结合的模式，这种以个人账户为标志的养老保险基金制度增加了养老保险基金保值增值压力，并认为养老保险基金贬值风险是中国养老保险制度面临的一项持久性风险来源，这也是养老保险基金制度必须面临的投资压力和风险。为此，本书研究认为，要充分发挥养老保险制度保民生促发展的基本作用必须增强养老保险基金的保值增值能力。为增强我国养老保险基金的长期保值增值能力，降低养老保险基金贬值风险，国家专门颁布了关于基本养老保险基金投资运营方面的管理办法。例如，2015 年 8 月颁布的《国务院关于印发基本养老保险基金投资管理办法的通知》（国发〔2015〕48 号）对基本养老保险基金投资管理行为进行了规范，明确规定了基本养老保险基金委托投资的委托人、受托机构、托管机构和投资管理机构的基本职责与法律责任，还对基本养老保险基金的投资范围、投资比例以及养老保险基金的会计核算、估值和投资运营报告等方面的内容进行了详细规定。近些年，我国养老退休人员与日俱增，养老退休金支出规模逐年扩大，这对养老保险基金支付能力的要求越来越高。同时，我国人口老龄化问题的加剧也对养老保险基金的长期增值能力提出了新的要求，尤其是提高养老保险个人账户基金的保值增值水平及其支付能力显得格外重要。

二　养老保险基金审计的基本概念与主要特征

为了更好地探究养老保险基金联网审计系统总体架构设计、养老保险基金联网审计实现流程与效果评估，本书将分析养老保险基金审计的概念与主要特征。

（一）养老保险基金审计的基本概念界定

目前，我国养老保险基金监管体系主要涵盖国家行政监管、审计监管和社会监管三大组成部分，审计监管构成了养老保险基金监管体系的重要内容。关于养老保险基金审计的基本概念，欧阳奕（2007）研究认为，养老保险基金审计是指由审计机构和审计人员依法对政府管理部门和其他单位受政府委托管理的养老保险基金财务收支的真实性、合法性、效益性以及养老保险基金的安全完整，被审计单位对养老保险政策执行效果、养老保险基金管理效果以及开展养老保险服务等情况进行的一种监督活动。袁世泽（2007）研究认为，养老保险基金审计是指由审计机关对政府部门管理的和社会团体受政府部门委托管理的基本养老保险基金财务收支的真实性、合法性和效益性进行审计监督。徐淑萍（2015）研究认为，养老保险基金审计是指由审计单位通过对政府部门管理的和其他单位受政府部门委托管理的基本养老保险基金财务收支的真实性、合法性和安全性进行的独立审计监督。由此可知，已有的相关文献研究认为，养老保险基金审计是一种对养老保险基金财务收支的真实性、合法性、效益性和安全性进行监督的独立活动。然而，随着"互联网＋"和现代网络技术的发展，养老保险基金审计环境和审计对象发生了较大的变化。尤其当今科技迅速发展，"金保工程"深入推进，我国各地区的养老保险经办机构信息化管理水平不断提升，海量的养老保险基金数据几乎全部以电子数据格式集中存储在大型数据库系统中，使审计监管难度明显增加。例如，电子数据审计具有较高的风险隐患，在数据采集与传输过程中容易遭受数据篡改，被审计单位在信息化环境下产生的电子数据舞弊行为具有较强的隐蔽性，存在高技术、高智力和高危害等特性，因而显著增加了审计机关的审计取证难度与审计风险。换言之，信息技术的迅速发展使养老保险基金审计环境变得越来越复杂，审计对象也由传统的账本数据逐渐转变成电子化数据。养老保险基金审计环境和审计对象的变化必然要求审计目标和审计内容发生相应变化。

综上所述，本书研究认为，养老保险基金审计是养老保险基金监管体系的重要组成部分，它是指各级审计机关及其审计人员根据相关政策法规规定，采取科学合理的审计方法，依法对政府部门和社会团体等受政府部门委托所管理的养老保险基金财政财务收支活动的真实性、合法性、效益性、安全性、完整性、经济性和效果性进行审查监督的一种独立行为。这意味着新时代的养老保险基金审计不仅需要审查监督养老保险基金财政财务收支活动是否真实、是否合法和是否有效益，还需要强化养老保险基金财政财务收支活动的安全性和完整性审查，更需要注重养老保险基金财政财务收支活动的管理绩效并对养老保险基金财政财务收支分配使用的经济性和效果性进行审查监督。具体而言，养老保险基金审计的基本概念应当涵盖审计主体、审计依据、审计方法和审计客体四个基本要素。

第一，关于养老保险基金审计主体要素。

审计主体是指在审计活动中主动实施审计行为，行使审计监督权的审计机构及其审计人员。根据本书界定的养老保险基金审计的基本概念可知，养老保险基金审计的主体是各级审计机关及其审计人员。审计机构及其审计人员不仅包括我国《审计法》第二章"审计机关和审计人员"所规定的各省、自治区、直辖市、设区的市、自治州、县、自治县、不设区的市、市辖区的人民政府审计机关及其审计人员（政府专职行政审计部门及其审计人员），还包括人力资源和社会保障部所设立的养老保险基金监管机构，以及财政部门、民政部门、监察部门和金融部门等其他行政管理部门所设立的相关监管机构，各省市各地区各级养老保险经办机构所设立的内部审计部门等。审计人员是指在各级审计机关供职且具备与所从事审计工作相适应的专业知识和业务能力的审计职员。基于实施养老保险基金审计的主体类型进行划分，养老保险基金的审计主体可以划分成国家审计（政府审计）、社会审计（注册会计师审计）和单位内部审计三种类型。在审计实务中，我国养老保险基金审计主体以国家审计为主，以社会审计和单位内部审计为辅。

第二，关于养老保险基金审计依据要素。

本书研究认为，养老保险基金审计的基本依据应当包括理论依据和法律政策依据。在理论依据方面，审计机关应当遵循养老保险基金的所有权、使用权和管理权之间各自独立、相互分离的基本原则。关于所有权和使用权，养老保险基金是国家依法筹集的一种专款专用基金，其所有权和使用权均应当为养老保险基金缴费人所享有（国家政府和参保者个人）。关于管理权（代理权），养老保险基金的规范使用和安全运营由国家专门的养老保险基金监管机构依法负责行使。这意味着养老保险基金所有人（参保人）和代理人（管理者）双方之间存在一种委托代理关系，这种委托代理关系在本质上就是养老保险基金审计的重要理论依据。在法律政策依据方面，有章可循、有法可依是审计机关开展养老保险基金审计活动的基本条件。审计机关及其审计人员应当根据养老保险相关的政策法规和制度条例审查监督养老保险基金的征缴、支付、管理使用和投资运营等各项业务活动。虽然目前我国尚未建立起专门的养老保险基金审计法，但是与养老保险制度和养老保险基金相关的政策规范以及涉及养老保险基金规范管理和运行的各项政策规定，都是养老保险基金审计的法律政策依据。例如，《中华人民共和国审计法》、《中华人民共和国预算法》、各地方政府部门制定的养老保险基金审计相关部门规章、办法和政策性文件等，以及各地方政府部门出台的与养老保险基金审计有关的法律和政策条例等都是养老保险基金审计的重要法律政策依据。

第三，关于养老保险基金审计方法要素。

审计方法的选择和运用将直接关乎养老保险基金审计质量和审计效率。随着我国养老保险基金收支、结余规模的日益壮大，审计机关在养老保险基金审计过程中不仅需要对海量的养老保险基金业务数据和财务数据进行审计监督，在数据存储模式上还需要审计越来越多的半结构化数据和非结构化数据，且主要以电子数据审计和信息系统审计为主。为此，本书研究认为，我国各级审计机关应当基于审计信息化背景，加快探索计算机联网审计技术的应用与实践，建立健全养老保险基金联网审计系统，采用现场审计与计算机联网审计相结合的审计方法开展养老保险基金审计，以适应养老保险基金业务发展需求，应对审计环境和审计对象的变化对养老保险基金审计提出的新要求，提高养老保险基金审计监管效能。

第四，关于养老保险基金审计客体要素。

审计客体是养老保险基金审计的具体对象和审计范围。本书研究认为，养老保险基金审计的客体应当包括两个层次：第一个层次的审计客体主要是指养老保险基金业务经办机构、养老保险基金管理部门（财政、税务、人力资源和社会保障部门等相关的政府部门）以及受政府管理部门委托的养老保险基金投资运营机构（养老保险基金托管公司、银行业金融机构）等被审计单位；第二个层次的审计客体主要是指养老保险基金在征缴、支付、管理使用和投资运营过程中产生的业务数据，以及反映养老保险基金财政财务收支活动的各类数据、资料和信息等。在具体的审计业务中，审计机关需要同时对这两个层次审计客体进行审查。

（二）养老保险基金审计的主要特征分析

独立、权威和客观公正是审计的固有特征。然而，养老保险基金是一种专款专用基金，养老保险基金审计特征不仅包括审计的固有特征，基金的专款专用性质还决定了养老保险基金审计具有其特殊性。整体而言，本书研究认为，养老保险基金审计包括审计范围广泛、审计程序规范和审计对象复杂三个主要特征。

第一，养老保险基金审计范围具有广泛性。

养老保险基金审计范围的广泛性主要体现为其审计内容的广泛性。现阶段我国的养老保险基金审计主要涵盖养老保险基金征缴收入情况审计、养老保险基金支出情况审计、养老保险基金管理情况审计、养老保险基金政策执行情况审计和养老保险基金分配使用情况审计五个方面的审计内容。其中，养老保险基金征缴收入情况审计的主要内容包括养老保险基金缴费单位与参保个人的缴费基数、缴费比例和缴费金额审计等；养老保险基金支出情况审计的主要内容包括养老保险基金支出范围和支出标准审计等；养老保险基金管理情况审计的主要内容包括养老保险基金投资运营效益和基金保值增值审计等；养老保险基金政策执行情况审计的主要内容包括被审计单位履职情况以及对养老保险基金政策执行效果审计等；养老保险基金分配使用情况审计的主要内容包括被审计单位是否按规定分配基金以及养老保险基金使用效率审计，如是否存在铺张浪费和挤占挪用的问题。

第二，养老保险基金审计程序具有规范性。

养老保险基金审计程序的规范性主要体现在两个方面：一方面，从审计环节上分析，养老保险基金审计需要分阶段进行完成，具体包括事前审计、事中审计和事后审计三个基本阶段。事前审计主要是指对被审计单位的养老保险基金业务征缴计划和征缴方案的可行性进行审计。事中审计主要是指对养老保险基金的征缴、支付、管理和投资运营过程进行审计。事后审计主要是指对养老保险基金财务会计核算过程和核算结果的真实性、合规性和完整性进行审计。另一方面，从审计层次上分析，目前我国养老保险基金审计已形成了由国家审计、社会审计和单位内部审计所组成的层次体系，各个审计层次上均形成了较规范的审计程序。

第三，养老保险基金审计对象具有复杂性。

我国的养老保险基金存在多头管理现象，这对养老保险基金审

计对象的复杂性产生了直接影响。具体而言，养老保险基金的审计
对象涉及养老保险基金征缴、支付、管理和投资运营等环节中的各
类企事业单位（部门）与参保者个人，即从各级政府行政机关、事
业单位到各类企业以及自由职业者，审计对象多而复杂，这给审计
机关产生的直接影响就是养老保险基金审计过程中所需的各项资源
和数据信息难以集中管理，无法实现审计资源共享，审计"孤岛"
现象十分普遍。此外，养老保险基金审计对象的复杂性也增加了审
计工作量和审计成本，审计风险相应增加。

三　计算机联网审计的基本概念与主要特征

随着计算机、互联网和现代网络信息化技术在审计领域中的不
断应用与发展，审计理论界和实务界对基于计算机、互联网和现代
网络信息化环境所产生的、以计算机联网技术的应用为主要特征的
计算机联网审计模式赋予了一些新的内涵。充分把握计算机联网审
计的概念与特征有助于理解养老保险基金联网审计的概念、原理与
特征。本书将在现有文献的基础上对计算机联网审计的基本概念与
主要特征展开理论解析，为养老保险基金联网审计的概念界定奠定
理论基础。

（一）计算机联网审计的基本概念界定

国内既有的相关研究对计算机联网审计的理论内涵与基本特征
进行了较为详细的描述。例如，杨蕴毅（2006）研究认为，计算机
联网审计是指对需要经常性审计且关系国计民生的重要部门和行业
实施"预算跟踪＋联网核查"模式的一种审计方式，这表明"预算
跟踪＋联网核查"是计算机联网审计的一个重要特征，也体现了计
算机联网审计具有动态跟踪与联网在线核查的基本功能。金文和张
金城（2006）研究认为，计算机联网审计是审计机关与被审计单位

之间在网络互联环境下开展的审计活动，确保网络环境的安全性是开展计算机联网审计的基本前提，同时研究指出与现场审计相比，计算机联网审计的突出特征主要涵盖四个方面：事后审计与事中审计相结合、远程访问被审计单位数据库并实现远程数据备份、高效率完成数据采集和数据分析、信息系统审计成为新的审计内容。廖志芳等（2006）研究指出，计算机联网审计是借助先进的数据处理技术、计算机联网技术、计算机辅助审计软件和大容量数据库技术，并通过远程访问和调用被审计单位电子数据实施审计业务的一种审计方法，这凸显了计算机联网审计是一种远程审计模式。王刚（2006）、耿余辉和张程（2009）研究认为，计算机联网审计是电算化审计的一种延伸，审计机关对被审计单位财政、财务管理相关的信息系统进行测评和高效数据采集与数据分析的基础上，对被审计单位财政财务收支的真实、合法、效益进行适时审计和远程检查的监督行为。龚永勇（2010）研究认为，计算机联网审计是一种具有实时动态监测功能的审计方式，这体现了实时审计和动态监测是计算机联网审计的基本特征。王振莉（2011）研究认为，作为分离式持续审计方式之一的计算机联网审计，其工作原理是指审计机关借助网络采集被审计单位的电子数据，并对电子数据实现连续、全面分析，以揭示被审计单位主要存在的风险隐患，为现场审计提供审计线索的网络化、远程化审计，这表明计算机联网审计的重要特征之一就是连续审计、网络审计和远程审计。郑睿青（2011）研究指出，计算机联网审计是基于远程联网技术实施审计业务的非现场审计，具有在线审计和远程审计的基本特征。李平恩（2011）研究认为，计算机联网审计是在网络互联的环境下对被审计单位财政财务收支的真实性、合法性和效益性进行远程监督的一种审计行为，主要包括实时审计、远程审计、高效率数据采集与数据分析以及信息系统审计四大特征。陈伟和 Smieliauskas Wally（2012a）研究认为，计算机联网审计是一种面向数据的联网审计方式，在技术实现上主要由审计数据采集、审计数据传输、审计数据存储和审计数据分析处理四个部分所组成，具有数据集中存储、数据信息全面、强大的数据存储与数据处理设施等主要特征。黄冠华（2016a）基于区块链技术的视角研究认为，计算机联网审计是数据采集模块与被审计单位信息系统数据存储模块相互分离的一种非现场审计模式，这表明审计机关（审计端）的数据采集系统与被审计单位（被审计端）的数据存储系统是相互分离的，这是计算机联网审计区别于现场审计的重要体现。林忠华（2016）研究认为，计算机联网审计是审计机关与被审计单位之间在网络互联的环境下开展审计业务，对被审计单位实现非现场审计数据采集、数据转换和数据监控的审计模式，并研究指出审计机关与被审计单位之间的网络互联包括大联网和点对点联网两种方式，实时审计、远程审计、高效数据采集与数据分析以及信息系统审计成为首位重要的审计内容，这是计算机联网审计的主要特征。

综上所述，计算机联网审计是基于远程互联网技术而对被审计单位实现联网在线审查与实时动态监督相结合的一种现代主流式审计模式。换言之，计算机联网审计犹如"网上审计师"。相较于传统的审计模式，"网上审计师"最明显的优势在于能够对养老保险基金数据进行实时在线采集、集中存储、自动转换和综合分析。整体而言，本书研究认为，计算机联网审计是在审计信息化环境下产生的一种审计技术、一种审计方法、一种审计工具、一种审计模式和一种审计监督行为，更是新时代下铸就的一种审计理念和审计思维上的变革及创新。由此可见，基于审计信息化背景推进计算机联网审计的全面实践与普及应用，需要审计机关充分掌握计算机联网审计技术、不断更新审计知识结构，也需要被审计单位积极配合并加强信息化建设，更需要审计机关从意识形态上及时转变审计理念和审计思维，被审计单位更需要理性认识到计算机联网审计的重大意义和发展趋势。同时，国家政府相关管理部门需要加强顶层设计和政策引导，进一步完善计算机联网审计政策体系，为审计机关和被审计单位之间顺利实现计算机联网审计提供有力的政策支持及制度保障。基于以上分析，从狭义角度而言，本书研究认为，计算机联网审计是指审计机关以互联网为依托，借助计算机技术、网络技术和数据处理技术等相关技术实现数据采集、数据转换、数据存储、数据挖掘、数据分析和审计风险监控，继而实现对被审计单位（审计客体或审计对象）进行联网核查、审查监督、信息鉴证和客观公正评价的一种独立审计行为。

（二）计算机联网审计的主要特征分析

相较于传统的现场审计方式和以计算机辅助审计技术与审计方法为主的审计方式，计算机联网审计实现了由事后审计向事前审计、事中审计与事后审计"三位一体"审计相结合的转变、由静态审计向静态审计与动态审计相结合的转变以及由现场审计向现场审计与远程审计相结合的转变，具有自身特有的优势。为此，本书将采用比较分析法着重对现场审计与计算机联网审计两种审计方式进行研究，以突出计算机联网审计在数据采集、数据存储、数据转换和数据分析等数据管理及其应用方面的特征，以及在实时动态监督与审计范围方面的天然优势。具体而言，相较于现场审计方式，计算机联网审计的优势与主要特征表现如下：

第一，高效的数据分析及综合应用功能显著提高了审计效率。

现场审计是一种单一审计、孤立审计和静态审计。这意味着在现场审计方式中，审计机关只能对单个的被审计单位进行事后审计，无法在审计过程中对多个被审计单位之间实现数据共享和资源整合，无法对被审计单位进行动态审计与实时监督。因此，审计机关需要现场进行人工数据采集、存储和转换等一系列工作，数据采集、数据存储、数据转换和数据分析等数据管理及应用效率较低，直接影响审计效率。相反，计算机联网审计是一种多维审计、实时审计和动态审计。这意味着在计算机联网审计方式下，审计机关能够借助多维数据分析模型快速有效地实现时间维度、空间维度和关联维度等多维度数据分析和统一管理，从而极大地提升审计数据分析效率，缩短审计数据分析时间。同时，通过从被审计单位数据库系统中筛选查询目标审计数据，并采用多维分析、专题审计分析、审计预警分析和可视化分析等多种联网审计数据分析方法对目标数据进行高效率分析，从而有效地节约了审计时间、降低了审计成本。此外，审计机关还能够通过高效定期地开展数据采集、集中存储原始数据和实现数据标准化处理，对海量数据进行动态审计和实时审计，并综合利用各类审计数据开展数据分析和关联比对分析，进而迅速地锁定审计疑点和异常数据，把握审计重点，提高审计监管效能。

第二，全方位的审计预警和风险监测使审计关口实现了前移。

审计机关在现场审计过程中无法实现审计风险预警和监测，对被审计单位的事后监督难以准确定位审计监督关口，无法有效实现审计关口前移，无法做到事先介入与动态跟踪，也无法及时发现审计问题。然而，计算机联网审计系统具有强大的审计风险预警与监测功能。审计机关能够借助计算机联网审计风险预警模型对联网审计系统运行风险和数据管理风险进行预警、排查和监测。例如，当被审计单位发生数据舞弊等违纪违规问题时，审计风险预警模型自动报警，动态跟踪舞弊数据和疑点线索，审计机关根据预警模型锁定的审计线索搜集审计证据，能够有效缩小审计查证范围，推进审计关口前移和精准定位，极大地提高了审计监督效率。与此同时，审计机关采用计算机联网审计系统整体风险监控模型还能够实现事前审计风险预警、事中审计风险管控和事后审计风险治理及有效防范，事前—事中—事后"三位一体"的审计风险监控模型可以辅助审计机关开展全方位的风险预警和监测，实现了对被审计单位审计监督关口的前移，真正发挥了计算机联网审计监督的第一道防线作用，突破了现场审计在审计预警和风险监测方面的瓶颈。

第三，实时的联网审查与动态监督模式有力拓展了审计范围。

联网审查与动态监督赋予了计算机联网审计的远程审计功能，有力拓展了审计范围，这是计算机联网审计超越现场审计方式的集中体现。审计机关借助互联网技术直接访问被审计单位的数据库管理系统，审计取证和审计查证均突破了时间、空间和地域上的各种约束，从而打破了现场审计方式中一直以来所存在的审计人手不足、审计成本高昂和审计效率低下的"孤岛式"审计现状的束缚。从具体的审计方法而言，针对业务量较大的被审计单位，诸如现场审计等传统的审计方式只能采用抽样审计方法对被审计单位的相关业务进行抽样审查，审计覆盖面较小，难免影响审计质量，增加审计风险。然而，计算机联网审计方式能够开展全样本审计和大数据审计，在审计范围上实现了对被审计单位业务全覆盖审计，从而使审计质量得到了较好的保证，降低了审计风险。此外，在计算机联网审计过程中，审计机关可以通过联网审计管理系统和现场审计实施系统的相结合使用，对被审计单位各项业务开展协同审计和关联审计，还可以通过联网核查与现场查证相结合方式落实审计疑点，即对远程审计阶段锁定的疑点数据与审计线索进行现场排查，突破了现场审计在疑点发现和定位上视野狭窄、范围狭小的制约。

四　养老保险基金联网审计的基本概念与目标定位

养老保险基金联网审计的基本概念是什么？其目标定位是什么？这是本书研究需要明确的两个重要问题。顾名思义，养老保险基金联网审计是指审计机关基于互联网技术与联网审计平台对被审计单位的养老保险基金电子数据进行实时审计与动态监督的一个过程。探索养老保险基金联网审计系统建构需要明确界定养老保险基金联网审计的基本概念，为后续研究提供基础的理论依据。养老保险基金联网审计是计算机联网审计方式在养老保险基金审计领域中的具体应用，为此，本书将基于计算机联网审计的基本概念及其主要特征分析，重新界定养老保险基金联网审计的基本概念并对其基本目标进行定位，提出学术见解。

（一）养老保险基金联网审计的基本概念界定

随着我国审计信息化建设进程的持续推进以及"金保工程"项目建设的纵深发展，"互联网＋"技术和大数据技术的不断成熟及其在各行各业中的广泛应用，理论界和实务界越来越重视发挥互联网与网络信息化技术在养老保险基金审计领域中的作用。尤其在"十三五"期间，随着养老保险制度体系的不断完善，养老保险覆盖范围将进一步扩大，养老保险经办机构等被审计单位的养老保险基金数据规模随之进一步壮大，这意味着审计机关即将迎来养老保险基金大数据审计新时代。为此，基于审计信息化背景大力探索计算机联网技术在养老保险基金审计中的应用途径与实现方法显得格外重要。目前，国内部分文献探究了养老保险基金联网审计相关问题，并对养老保险基金联网审计的基本概念进行了描述性分析，这为本书的研究提供了很好的借鉴和参考。例如，商建波（2009）研究认为，养老保险基金联网审计是指运用计算机网络技术，采取一定的审计数据传输方法将社会保险经办部门与审计机关之间的计算机网络相互连接，并通过计算机联网审计业务操作平台及其配套审计软件系统进行数据采集和数据转换，实现异地、远程和实时的联网核查、分析、排疑和预警，进而更高效地为审计目标服务，保障养老保险基金高效运转的审计过程。巩仕和（2014）研究认为，养老保险基金联网审计是指由国家审计机关与养老保险经办机构之间进行网络连接后，在对养老保险基金业务数据和财务数据进行高效采集和处理的基础上，运用审计预警和审计分析模型对养老保险基金征缴、支付和管理等各项业务进行实时远程审计的行为。张永杰（2015）基于云计算视角研究认为，养老保险基金联网审计是指审计机关与社会保险经办单位进行网络连接后，审计机关直接通过互联网远程访问社会保险经办单位的数据管理系统，并在高效采集和分析审计数据的基础上，对养老保险基金征缴、支付、管理和投资运营等情况进行实时动态监管，对社会保险经办单位财务收支情况的真实性、合法性及效益性进行审查监督的行为，并研究指出高效审计、远程审计和多维审计是养老保险基金联网审计的主要特点。

综上分析，为了突出研究主题和主要目标，本书基于现有研究成果，将养老保险基金联网审计的概念重新界定为：审计机关以互联网为依托，基于计算机联网审计系统，在审计机关的审计数据中心与被审计单位的数据库管理系统之间建立审计数据管理层（数据管理系统），审计机关直接通过互联网进入审计数据管理层对养老保险基金数据进行实时采集、集中存储、自动转换和异地交换，进而对海量的养老保险基金数据实现远程在线和异地实时审计的一种动态审计模式。该审计模式具有数据挖掘、数据分析和风险监控等多种技术支撑，是审计信息化时代下计算机联网审计技术在养老保险基金审计领域中的具体应用。

（二）养老保险基金联网审计的基本目标定位

就养老保险基金联网审计监管目标而言，我国人口老龄化和养老保险基金保值增值双重压力要求审计机关兼顾养老保险基金安全性审计与投资运营效益性审计。本书研究认为，应当从如下三个角度定位养老保险基金联网审计的目标：

一是从养老保险基金业务经办的角度分析，养老保险基金联网审计监管的主要目标应当是通过对养老保险基金的业务数据进行联网审查，揭示养老保险基金在征缴、支付、管理使用和投资运营等各项业务环节中存在的主要问题，并分析问题产生的原因，进而从如何规范养老保险基金业务经办流程、如何建立健全养老保险基金业务经办管理体系等方面提出相应的审计意见和审计整改措施，以确保养老保险基金安全运行和规范管理，促进养老保险基金实现保值增值的目标。

二是从养老保险基金财务核算和预算决算的角度分析，养老保险基金联网审计监管的主要目标应当是通过对养老保险基金的财务数据与预算决算指标进行联网审查，揭示养老保险基金在财务会计核算和预算决算执行方面存在的主要问题，并分析问题的产生原因，进而从如何完善养老保险基金财务会计核算程序、如何加强养老保险基金财务会计核算监督和被审计单位内部控制建设、如何建立健全养老保险基金预算决算监督管理机制等方面提出相应的审计意见和审计整改措施，以提高养老保险基金财务会计核算效率和养老保险基金预算执行效果。

三是从养老保险基金政策落实情况的角度分析，养老保险基金联网审计监管的主要目标应当是通过对养老保险基金重大政策的实现目标、被审计单位对各项养老保险基金的政策落实效果以及养老保险基金重大政策运行中存在的主要缺陷进行联网审查，揭示养老保险基金政策执行方面存在的主要问题，并分析问题的产生原因，进而从如何提高养老保险基金政策落实效果等方面提出相应的审计意见和审计整改措施，以督促被审计单位加快落实养老保险基金各项重大政策。

第三节　养老保险基金联网审计的基本原理及其主要特征

养老保险基金联网审计的基本原理体现了本书需要建构的养老保险基金联网审计系统的整体运行原理。分析养老保险基金联网审计的基本原理及其主要特征有助于现场审计与计算机联网审计方式之间的比较研究，还有助于本书全面而深入地探究养老保险基金联网审计系统总体架构及其功能模块的设计。为此，在本节中，笔者将阐述养老保险基金联网审计的基本原理和主要特征。

一　养老保险基金联网审计的基本原理描述

基于狭义角度分析，养老保险基金联网审计是一种基于计算机联网审计系统而开展养老保险基金审计业务的审计模式，也就是以计算机联网审计系统为依托，借助互联网等现代信息技术，将审计机关的审计数据中心与养老保险基金经办管理机构等被审计单位数据库系统进行网络互联，以构建一个集成化的审计数据管理层，审计机关直接通过审计数据管理层自动采集审计数据，对养老保险基金征缴、支付、管理和投资运营等各项业务数据以及被审计单位财政财务收支情况的合法性、真实性与效益性进行实时在线监督的一种审计模式。本书研究认为，剖析养老保险基金联网审计的基本原理有利于深入理解养老保险基金联网审计模式的优势，并为后续探究养老保险基金联网审计系统的总体架构设计奠定理论基础。如图2-3所示，本书研究认为，养老保险基金联网审计的基本原理可以描述为：在联网审计基础设施层提供养老保险基金联网审计所需的软件硬件系统等基础设施保障的基本前提下，首先是被审计单位将养老保险基金的业务数据和财务数据从数据库系统中统一加载到联网审计数据管理层；其次是审计机关根据养老保险基金联网审计目标从联网审计数据管理层中实现原始审计数据的采集、存储、转换和异地交换操作，并将经过标准化处理后的原始审计数据导入联网审计基础应用层中的数据挖掘和数据分析模型，以开展审计数据挖掘、数据分析和数据应用，据此根据数据挖掘与数据分析结果进行逻辑推理和审计职业判断，从而揭示隐藏于养老保险基金大数据背后的风险隐患；再次是审计机关通过联网审计绩效评价层中的绩效评价模型开展养老保险基金联网审计绩效分析与绩效评价工作，以推进养老保险基金联网审计绩效管理，总结审计机关在养老保险基金联网审计中所取得的工作成效与存在的问题；最后是审计机关借助联网审计安全监管层中的整体风险监控模型对整个养老保险基金联网审计系统运行风险和数据管理风险进行实时预警、智能管控和治理，最终实现事前审计风险预警、事中审计风险管控和事后审计风险治理"三位一体"的联网审计风险监控目标。

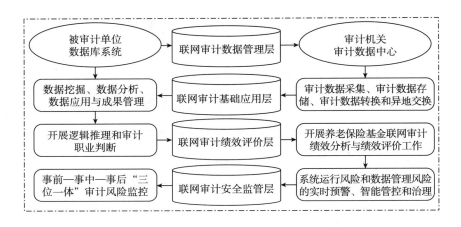

图 2-3　养老保险基金联网审计的基本原理

二　养老保险基金联网审计的主要特征分析

审计信息化是审计工作的"生命线"，计算机联网审计是当前我国审计信息化建设的重点内容。审计信息化时代加强计算机联网审计研究具有重要性和紧迫性，且现阶段我国养老保险基金审计技术与审计方法较滞后、养老保险基金联网审计相关理论创新研究成果较缺乏，这一基本现状也要求我们基于审计信息化背景建立健全养老保险基金联网审计系统。当前，我国各省市计算机联网审计系统建设如火如荼，养老保险基金联网审计系统是计算机联网审计系统建设的重点行业子系统（其他行业子系统还包括财政部门、税务部门、工商部门和公安部门等）。本书基于审计信息化背景研究养老保险基金联网审计系统建构，有助于推动计算机联网审计系统建设，促进社保、财政等重点行业之间数据实现省级集中监管。根据养老保险基金联网审计的基本原理可知，本书将立足于现阶段我国养老保险基金审计业务发展需求，充分发挥计算机联网审计方式的天然优势，探索建构一个总体架构涵盖基础设施层、数据管理层、基础应用层、绩效评价层与安全监管层五层系统架构的养老保险基金联网审计系统，以促进审计数据挖掘技术、审计数据分析技术和审计风险监控技术等现代技术在养老保险基金联网审计中的应用，为养老保险基金的安全、完整与规范运行提供有力保障，促进审计机关早日对养老保险基金实现动态审计、实时审计与全覆盖审计，推进"十三五"时期计算机联网审计技术的发展，增强审计机关运用联网技术开展审计业务的能力。

传统的手工查账审计、现场审计和计算机辅助审计模式一次性只能审计单个被审计部门的养老保险基金数据，审计范围和审计内容均十分有限，审计视野也比较狭窄，而且无法动态监督和全面把握养老保险基金的整体运行状况。然而，计算机联网审计模式解决了审计机关与被审计单位之间的网络互连问题，实现了对联网数据的审计分析以及多部门之间的协同审计、跨行业跨地域审计、审计数据集中分析与信息共享。相较于以往的审计模式，基于计算机联网技术、现代信息技术和大数据技术的养老保险基金联网审计模式具有自身独特的优势和特质。

（一）全数据审计助推养老保险基金审计全覆盖的实现

审计监督全覆盖是党和国家对审计机关提出的一项新要求。《关于实行审计全覆盖的实施意见》提出了构建大数据审计模式，建立计算机联网审计实时监督系统。计算机辅助审计只能简单地进行抽样审计，利用微观样本数据揭示某地区养老保险基金在某个层面上的问题，且一次性只能审计单个被审计部门的养老保险基金，无法全面把握养老保险基金整体运行脉络。然而，从审计范围的角度分析，计算机联网审计模式既能全方位地把握养老保险基金运作"全貌"，又能微观把握养老保险基金某些重点环节和关键流程的监管动态，并且可以实现由随机抽样审计向全数据审计的重大转变，因而有效拓展了养老保险基金审计范围，助推了养老保险基金审计全覆盖的实现。从审计内容的角度分析，传统的审计模式主要侧重于养老保险基金财政财务收支审计和养老保险基金安全审计，因而审计范围和审计内容比较狭窄。在计算机联网审计模式下，实时在线的数据采集、数据动态存储与数据转换功能，能够对养老保险基金整体运行情况进行动态监督，使养老保险基金重大政策执行情况跟踪审计、养老保险基金预算执行情况审计和养老保险基金绩效评估审计成为可能，从而有效拓展了养老保险基金审计内容。

（二）跨行业多部门协同审计实现养老保险基金数据共享

养老保险基金联网审计模式是与大数据审计相适应的新型审计模式，有助于推动审计机关与人力资源和社会保障局、财政局、税务局、民政局等重点行业领域部门之间的沟通，进而有利于实现审计数据共享和信息资源的整合，实现多个被审计部门之间的数据关联审计。具体而言，在计算机联网审计模式下，审计机关可以通过对养老保险基金的业务数据与财务数据等被审计单位内部数据与外部关联数据进行交叉比对和多维度多层次分析，使养老保险基金跨年度、跨行业和跨地域审计成为可能，从而有助于实现养老保险基金业务数据与财务数据一体化审计，促进养老保险基金审计监管模式由以往的单点分散式审计向跨行业协同审计和多部门纵向关联审计的转变，使人、财、物等各项审计资源获得有效整合和充分利用，节约了审计取证、审计查证时间和审计成本，进而有助于实现养老保险基金数据共享，推动养老保险基金联网审计成果应用价值实现最大化。

（三）多元大数据技术支撑提升养老保险基金审计效能

养老保险基金大数据时代将呈现出数据快速增长、数据类型繁多、数据信息变更快捷等基本特点，审计机关面临着更加复杂的审计环境，审计风险随之与日俱增，审计取证也要求掌握更高的技术。本书研究认为，审计机关开展养老保险基金联网审计需要具备两大核心"资产"：一是高质量的审计数据；二是大数据技术的支撑。大数据挖掘、大数据分析和大数据风险监控等多元大数据技术可以为养老保险基金联网审计提供关键技术支撑。例如，在计算机联网审计模式下，审计机关能够通过养老保险基金联网审计系统数据管理层直接获取高质量的目标审计数据，还能够借助审计程序标准化和审计流程模型化的养老保险基金联网审计系统基础应用层对目标审计数据实行纵向挖掘分析、横向关联比对、多维数据分析、可视化分析、审计风险预警和智能监控等一系列操作，从而能够提升养老保险基金审计质量和监管效能，有利于审计机关实时监督养老保险基金整体运行状态，锁定审计疑点和线索，揭示养老保险基金挤占、挪用等违纪违规问题。

本章小结

本章在文献回顾的基础上重点完成了如下三个章节的研究内容：（1）第一节为养老保险基金联网审计系统建构的基础理论解析。本节对本书在研究中所需涉及的养老保障理论、委托代理理论和受托责任理论三个基础理论进行了理论解析。（2）第二节为养老保险基金联网审计系统建构的关键概念界定。本节着重对养老保险基金、养老保险基金审计、计算机联网审计和养老保险基金联网审计的基本概念进行了重新界定，并详细分析了养老保险基金、养老保险基金审计、计算机联网审计的主要特征。其中，养老保险基金包括强制性、互济性和增值性三个主要特征；养老保险基金审计包括审计范围广泛、审计程序规范和审计对象复杂三个主要特征；计算机联网审计的主要特征表现在如下三个方面：高效的数据管理及综合应用功能显著提高了审计效率、全方位的审计预警和风险监测使审计关口实现了前移、实时的联网审查与动态监督模式有力拓展了审计范围。同时，本节还分别从养老保险基金业务经办、养老保险基金财务核算和预算决算、养老保险基金政策落实情况三个角度分析了养老保险基金联网审计的目标定位。（3）第三节为养老保险基金联网审计的基本原理及其主要特征。本节对养老保险基金联网审计的基本原理进行了理论描述，并从如下三个方面剖析了养老保险基金联网审计的主要特征：全数据审计助推了养老保险基金审计全覆盖的实现、跨行业多部门协同审计实现养老保险基金数据共享、多元大数据技术支撑提升了养老保险基金审计效能。综上可知，本章内容为本书研究提供了一个基础理论框架，为全面而深入探究养老保险基金联网审计系统建构问题奠定了良好的理论基础。

第三章　养老保险基金联网审计
重点内容与方法体系

　　前一章内容已经对养老保险基金联网审计的基本概念、目标定位、基本原理和主要特征进行了理论分析。养老保险基金联网审计的目标定位、基本原理及其主要特征决定了养老保险基金联网审计的重点内容与审计范围。根据国内外文献回顾可以发现，目前尚无文献探讨养老保险基金联网审计的方法体系，我国在养老保险基金联网审计实践中也尚未建立起专门的审计方法体系。鉴于此，本章内容将重点探讨如下两个问题：一是养老保险基金联网审计的重点内容（审计范围）剖析；二是养老保险基金联网审计的方法体系构建（审计方法内容框架）。

第一节　养老保险基金联网审计的
重点内容剖析

　　近些年，我国养老保障事业发展迅速，基于参保者权益保护的需要，养老保险基金的审计目标越来越重视养老保险基金使用效率、养老保险政策执行效果、养老保险基金预算执行效果以及养老保险基金管理绩效评估等方面的问题，因而在审计方法方面更加注重采用财务收支审计与绩效审计相结合的方法，既审查养老保险基金的安全性又审查养老保险基金管理和使用的效益性。然而，现有的养老保险基金审计方法难以实现这些审计目标，加快养老保险基金审计技术与审计方法创新势在必行。由此可见，养老保险基金联网审计的重点内容应当是在继续做好养老保险基金征缴审计、支付审计和管理审计的基础上，更加突出参保者地位及其权益保护的重要性，同时更加关注养老保险政策实施效果、养老保险基金预算执行效果以及养老保险基金管理绩效评估问题。因此，在计算机联网审计模式下，养老保险基金联网审计的内容范围发生了重大变化。如图3-1所示，本书研究认为，养老保险基金联网审计的重点内容不仅包括养老保险基金征缴审计、支付审计和管理审计等基础性审计，还应当覆盖养老保险基金重大政策落实跟踪审计、养老保险基金预算执行情况审计和养老保险基金管理绩效评估审计。

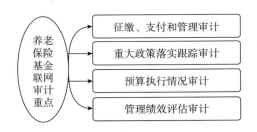

图3-1 养老保险基金联网审计的重点内容

一 养老保险基金征缴、支付和管理审计

在传统的审计模式下，养老保险基金审计内容主要涵盖征缴审计、支付审计和管理审计三个基础性审计环节。其中，养老保险基

金征缴审计方面的主要内容包括：养老保险基本参保条件和缴费信息等缴费参保登记、申报核定审计；养老保险基金缴费人数审计；养老保险基金缴费基数审计；养老保险基金缴费比例审计；养老保险基金退保事项审计；养老保险基金重复参保情况审计；养老保险基金漏缴、欠缴与少缴情况审计等。养老保险基金支付审计方面的主要内容包括：延迟支付和违规支付养老退休待遇问题审计；养老退休待遇申报审核程序规范性审计；虚报、瞒报和冒领养老退休待遇问题审计；养老退休待遇支付财务核算审计等。养老保险基金管理审计方面的主要内容包括：养老保险基金专款专用情况审计；养老保险个人账户基金使用情况审计；养老保险基金投资运行效益和保值增值问题审计等。然而，为更好地审查养老保险基金征缴、支付和管理等各项业务环节中存在的违纪违规问题，在计算机联网审计模式下，养老保险基金征缴审计、支付审计和管理审计等基础性审计的主要内容得到进一步拓展，审计机关不仅能够审计养老保险基金征缴、支付和管理等基本业务环节中产生的业务数据和财务数据，还能够全面把握养老保险基金的整体运行脉络及内在逻辑关系。在重点审计事项方面还包括养老保险基金参保缴费覆盖率审计、养老保险基金收支规模审计、养老保险基金收支结构是否合理以及养老保险基金存量规模审计、养老保险基金结余投资运营效益审计、养老保险基金保值增值情况审计、养老保险基金整体保障水平和养老保险基金风险抵御能力等相关指标数据的测算、审查和分析；养老保险国家统筹基金和个人账户基金规范管理情况审计；养老保险基金收支结余的增减变化趋势分析和预测；不同地区之间的养老保险基金统筹支付风险、养老保险基金收支缺口以及是否存在养老保险基金收支结构性矛盾分析等。

二 养老保险基金重大政策落实跟踪审计

养老保险基金审计政策的时效性较强，审查养老保险基金各项政策是否执行到位是当前我国各级审计机关面临的一项重要任务。社保基金政策实施情况审计的主要内容包括政策成本、政策实施效果、预测和反馈等方面的内容（邱玉慧等，2012）。本书研究认为，在计算机联网审计模式下，养老保险基金重大政策落实跟踪审计的主要内容应当包括：养老保险重大政策目标的实现程度；被审计单位在养老保险基金参保缴费、养老保险待遇支付、养老保险基金管理使用和财务会计核算等各个业务环节中的职能履行情况和政策落实效果；被审计单位把握养老保险基金重大政策对养老保险基金业务经办和养老保险基金监管的影响、政策实施中存在的主要困难和运行缺陷；从养老保险政策层面发现并揭示养老保险基金联网审计中存在的事关经济社会和民生事业发展的重大问题，并提出一些切实可行的审计建议和审计整改对策，使养老保险基金在不断完善的政策体系下得到有效运行，进而促进审计信息化背景下养老保险基金政策性审计走向全覆盖。

三 养老保险基金预算执行情况审计

2010 年，我国开始试编城镇企业职工养老保险、医疗保险、工伤保险、生育保险和失业保险五大险种基金预算；2013 年，正式将社保基金预算纳入中央预算管理范畴；2014 年，国务院颁布的《关于加强审计工作的意见》明确指出，社保基金预算执行情况每年审计一次，这更加突出了新时代下加强社保基金预算执行情况审计的重要性和必要性。养老保险基金是社会保险基金最核心的组成部分，推进审计信息化背景下养老保险基金预算执行情况审计成为我国当前各级审计机关重点探索的工作内容。本书研究认为，在计算机联网审计模式下，养老保险基金预算执行情况审计的主要内容应当包括：基金预算编制标准的合理性、收支范围与预算方案编制依据的合法性；养老保险基金预算科目设置和使用的规范性；养老保险基金预算执行过程的真实性、合法性与合规性，例如是否存在虚列养老保险基金支出等违规现象；养老保险基金预算执行效率和效果问题，即分析养老保险基金预算执行的进度、总体情况、预算调整、养老保险基金预算与实际执行之间的差异性等，并重点审查养老保险基金预算科目中是否存在预算执行率过低或过高的指标，养老保险基金预算执行审计意见和整改情况跟踪督查等。

四　养老保险基金管理绩效评估审计

审计监管模式的发展与创新要求审计机关加快推进养老保险基金财务审计与绩效审计相结合。开展养老保险基金管理绩效评估审计有利于及时地发现养老保险基金征缴、支付、管理和投资运营等各项业务环节中存在的问题，从而有利于为审计机关锁定审计线索并更有针对性地开展养老保险基金管理绩效评估审计，还有利于审计机关通过计算机联网在线动态监控技术引导和督促养老保险基金监管部门落实审计整改问题，完善养老保险基金监管机制，进一步提升养老保险基金征缴、支付、管理和投资运营等各项业务环节中的管理绩效，从而保障养老保险基金安全规范的运行，提高养老保险基金保值增值能力，最终充分发挥养老保险基金保民生促发展的作用。本书研究认为，在计算机联网审计模式下，养老保险基金管理绩效评估审计的主要内容应当包括：养老保险基金财政财务收支的合法性、真实性和效益性审计；养老保险专项基金管理与分配效率；养老保险基金使用效率；养老保险基金投资运营的综合效益，例如审查养老保险基金结余的投资方向、投资结构和投资规模是否合理，审查养老保险基金投资运营产生的经济效益和社会效益；养老保险基金监管活动的经济性、效率性与效果性等。

第二节　养老保险基金联网审计的方法体系构建

养老保险基金业务经办的基本流程在一定程度上能够反映养老保险基金联网审计的重点内容（审计范围）及其审计事项。为此，本节将首先分析当前我国养老保险基金业务经办的基本流程，并结合养老保险基金联网审计的重点内容构建养老保险基金联网审计的方法体系（审计方法内容框架）。

一　养老保险基金业务经办的基本流程

随着我国养老保险政策的不断完善，养老保险基金业务发展迅速。我国养老保险基金业务经办流程主要包括申报登记→材料审核→缴费核定→保费征集→财务核算→支付核定→待遇支付等基本程序，养老保险基金主要通过收入户、支出户和财政专户三个基本账户进行收支两条线管理，并严格实行专款专用。首先，由养老保险经办机构业务部通过收入户（临时过渡账户）征收养老保险费（基金）；其次，由养老保险经办机构财务部进行财务核算后，月初报送养老保险基金月报并在规定期间内将当月核算的养老保险收入户金额上缴当地财政专户，由当地财政部门集中管理；最后，由养老保险经办机构财务部按照业务部核定的待遇支付数额，向当地财政部门提出养老保险退休金拨款申请，财政部门审核之后通过国库集中支付中心将养老保险退休金款项从养老保险基金财政专户上拨付到对应的养老保险基金支出户上，财务部门再通过支出户完成养老保险待遇支付事项。

在计算机联网审计模式下，审计机关不仅能够对养老保险基金的财务数据进行联网审计，还能够对规模日益壮大的养老保险基金业务数据进行联网审计，继而实现养老保险基金财务数据与业务数据一体化审计。本书研究认为，分析养老保险基金的业务经办流程有利于掌握养老保险基金联网审计的重点内容与范围。如图 3－2 所示，我国养老保险基金业务经办的基本流程主要涵盖养老保险基金征缴、养老保险基金支付和养老保险基金管理三个环节。其中，养老保险基金征缴环节具体包括养老保险缴费申请与审核、养老保险业务缴费信息登记、养老保险基金缴费核定与养老保险基金征缴等基本程序；养老保险基金支付环节具体包括养老保险基金支付业务审核与稽核、养老保险基金支付核算和养老保险基金账户记录等基本程序；养老保险基金管理环节具体包括养老保险参保覆盖率分析、养老保险基金收支规模分析以及养老保险基金投资收益率分析等基本程序。

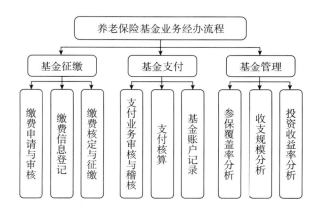

图 3－2　养老保险基金业务经办流程

二 养老保险基金联网审计的方法体系

在计算机联网审计模式下，审计机关不仅能够借助养老保险基金联网审计系统基础应用层中的数据分析功能，对养老保险基金征缴、支付和管理使用等各个业务环节中的数据信息进行可视化、多层次比对与审查，从而及时找出疑点数据和异常信息，还能够利用养老保险基金联网审计系统安全监管层中的整体风险监控模型对养老保险基金联网审计系统运行风险与数据管理风险进行实时预警和在线监控，从而有助于降低养老保险基金审计成本，有效防范养老保险基金联网审计风险。然而，审计机关借助养老保险基金联网审计系统开展养老保险基金联网审计业务还需要有相应的审计方法体系（审计方法内容框架）作为参考和指引。本书研究认为，养老保险基金联网审计方法不是孤立零散的独立方法，而需要构建一个系统的方法体系，明晰地界定养老保险基金联网审计方法的内容框架。但是，当前审计机关在养老保险基金联网审计实践中并未建立起完整的审计方法体系，现有研究中也尚无文献对养老保险基金联网审计方法体系展开研究。基于此，本书将根据我国养老保险基金业务经办的基本流程和养老保险基金联网审计的重点内容构建养老保险基金联网审计方法体系（审计方法内容框架），以明确审计机关在养老保险基金征缴审计、支付审计和管理审计等基础性审计环节中应当覆盖的主要审计节点以及养老保险基金联网审计方法的具体运用思路，这有利于解决养老保险基金联网审计"审计什么"和"怎么审计"两大关键问题。

如表 3-1 所示，养老保险基金联网审计方法体系的规划必须与养老保险基金业务经办的基本流程和养老保险基金联网审计的重点内容互相衔接。根据国家审计署计算机审计实务第 14 号公告《计算机审计方法体系基本规划》以及第 30 号公告《社会保险计算机审计方法体系》的相关要求，本书研究认为，养老保险基金联网审计方法体系应当是由一级目录、二级目录和三级目录所组成的审计方法体系，即审计方法的内容框架。其中，一级目录是根据养老保险基金联网审计的重点内容进行规划，包括养老保险基金征缴审计、养老保险基金支付审计、养老保险基金管理审计、养老保险基金重大政策落实跟踪审计、养老保险基金预算执行情况审计和养老保险基金管理绩效评估审计六大类目；二级目录是根据养老保险基金业务经办流程以及养老保险基金联网审计重点所对应的审计事项进行规划，主要包括参保登记审计法、基金缴费审计法等共 13 种审计方法；三级目录是与二级目录审计方法相对应的审计事项，实质上是审计方法的内容框架。

表 3 - 1　　　　　　　　　养老保险基金联网审计方法体系

序号	一级目录	二级目录	三级目录
1	养老保险基金征缴审计	参保登记审计法	养老保险参保条件、参保登记相关资料以及参保申报核定信息审计
		基金缴费审计法	养老保险基金缴费人数、缴费基数、缴费比例、退保、重复参保、漏缴、欠缴、少缴、清缴、养老保险基金收支规模与收支结构审计
2	养老保险基金支付审计	基金支出审计法	养老退休待遇申报审核程序与养老退休待遇的延迟支付、违规支付、虚报、瞒报和冒领问题审计
		支出核算审计法	养老保险退休待遇支出相关业务的财务会计核算问题审计
3	养老保险基金管理审计	基金管理审计法	养老保险基金专款专用、个人账户基金管理情况与养老保险基金投资运行效益和保值增值问题审计
4	养老保险基金重大政策落实跟踪审计	政策目标审计法	养老保险基金重大政策的目标实现程度与被审计单位对养老保险基金重大政策的落实效果审计
		政策过程审计法	养老保险基金重大政策运行过程中存在的主要困难和缺陷审计

续表

序号	一级目录	二级目录	三级目录
5	养老保险基金预算执行情况审计	预算执行依据审计法	养老保险基金预算编制标准的合理性以及养老保险基金预算执行方案编制依据的合法性审计
		预算执行过程审计法	养老保险基金预算执行过程的真实性、合法性与合规性和养老保险基金预算执行效率与执行效果审计
		预算执行结果审计法	养老保险基金预算与实际执行结果之间的差异和养老保险基金预算执行审计意见与整改情况审查
6	养老保险基金管理绩效评估审计	财务收支审计法	养老保险基金财政财务收支的合法性、真实性和效益性评估审计
		管理效率审计法	养老保险基金管理、分配和使用的经济性、效率性与效果性评估审计
		投资运营审计法	养老保险基金投资方向、投资结构和投资规模合理性以及投资运营的经济效益和社会效益等评估审计

资料来源：作者整理绘制。

本章小结

本章内容包括两个章节：（1）第一节为养老保险基金联网审计的重点内容剖析。本节从如下四个层面剖析了养老保险基金联网审计的重点内容：养老保险基金征缴、支付和管理审计；养老保险基金重大政策落实跟踪审计；养老保险基金预算执行情况审计；养老保险基金管理绩效评估审计。同时，剖析了四个层面上的重点审计事项。（2）第二节为养老保险基金联网审计的方法体系构建。本节首先分析了养老保险基金业务经办的基本流程：养老保险基金征

缴、养老保险基金支付和养老保险基金管理；其次构建了一个涵盖
一级目录、二级目录和三级目录的养老保险基金联网审计方法体系
（审计方法内容框架）。综上可知，本章内容有助于审计机关在养老
保险基金联网审计实践中把握审计重点，明晰审计思路。

第四章　养老保险基金联网审计
系统的总体架构设计

目前，在我国养老保险基金监管中存在着多头管理问题，在现有的审计监管模式下较难实现协同管理和高效监管，这主要是受长期以来我国养老保险制度体系以及养老保险基金监管机制的影响。例如，现阶段我国部分省市的城镇企业职工基本养老保险基金和机关事业单位养老保险基金统一由当地的社会保险事业管理局负责征缴，并按月上缴城镇职工基本养老保险基金财政专户，由当地的财政局负责基金专款专用；农村新型养老保险基金、城乡居民养老保险基金统一由当地的农村社会保险事业管理局负责征缴，并按月上缴农村居民养老保险基金财政专户和城乡居民养老保险基金财政专户，由当地的财政局负责基金专款专用。养老保险基金监管部门比较分散，在当前以现场审计和计算机辅助审计为主的养老保险基金审计监管模式之下，由于养老保险基金各个监管部门之间的信息化发展水平参差不齐，相互之间较难实现审计信息共享和资源互通有无，审计机关在养老保险基金联网审计过程中必然需要同时与社会保险事业管理局、农村社会保险事业管理局以及财政局等多个部门进行沟通，这不仅大大增加了审计机关的审计取证时间与审计成本，还相应增加了审计难度与审计风险。由此可见，提高养老保险基金审计技术，加快养老保险基金审计方法创新，建立健全养老保险基金联网审计系统，对于提升养老保险基金审计监管效率，促进养老保险基金安全有效运行具有重要作用，也是审计信息化时代下养老保障事业发展的客观需求。

本书研究认为，明确定位养老保险基金联网审计系统的建构需求是养老保险基金联网审计系统架构设计的基本前提。为此，本章将在分析养老保险基金联网审计系统建构需求的基础上探讨养老保险基金联网审计系统的总体架构设计。

第一节　养老保险基金联网审计系统建构需求分析

本书研究认为，基于养老保险基金联网审计系统建构需求层面分析，应当以提高养老保险基金审计监管效能和保障老百姓切身利益之目标为基本导向，建构养老保险基金联网审计系统总体架构及其实现流程，具有时代必然性和现实依据，也具有现实需求。鉴于此，本节将研究两个问题：一是养老保险基金联网审计系统建构的现实依据（制度保障、外部条件和客观需求）；二是养老保险基金联网审计系统建构的数据需求（数据性质、数据类型与数据来源）。

一　养老保险基金联网审计系统建构的现实依据

联网审计是计算机审计发展到一定阶段的产物，是现代信息技术驱动下的审计方式变革与审计模式创新。随着互联网信息技术在各行各业的迅速发展，计算机联网审计技术将在养老保险基金审计领域中发挥着越来越大的作用。如图 4 - 1 所示，基于现阶段我国审计信息化发展背景探索养老保险基金联网审计系统建构问题具有很好的现实依据：制度保障＋良好的外部条件（外部环境）＋重要的客观需求，说明本书研究养老保险基金联网审计系统建构具有必要性和可行性。

图 4 - 1　养老保险基金联网审计系统建构的现实依据

（一）养老保险基金联网审计系统建构的制度保障

养老保险基金联网审计系统建构具有制度可行性。当前，我国尚未建立起专门的养老保险基金联网审计政策法规，一定程度上阻碍了养老保险基金联网审计理论研究及其实践，但我国现行的计算机辅助审计与联网审计相关的政策规范为养老保险基金联网审计系统建构研究提供了良好的政策环境和制度基础。例如，《国家审计数据中心基本规划》《计算机审计审前调查指南》《计算机审计方法流程图编制规范》《计算机审计方法语言编制规范》《计算机审计方法体系基本规划》《联网审计系统规格说明书》《社会保险审计数据规划》和《社会保险计算机审计方法体系》等计算机审计实务公告的相关规定，为本书开展养老保险基金联网审计系统建构研究提供了相关的政策规范与制度依据。与此同时，部分地区审计机关在探索本地养老保险基金联网审计实践中也结合本地实际情况出台了联网审计相关的指导意见、规章条例和配套机制，对本地审计机关开展联网审计实践提出了具体标准和规范要求，明确了联网审计系统建构的制度依据。

（二）养老保险基金联网审计系统建构的外部条件

养老保险基金联网审计系统建构具有良好的外部条件（外部环境）。一方面，国家审计信息化系统建设成果为养老保险基金联网审计系统建构提供了技术支撑和良好的外部条件。自 1998 年审计署筹备"金审工程"项目以来，全国各地审计信息化发展水平逐步提升，各省市各级审计机关致力于将审计信息化系统建设成果应用于养老保险基金审计领域，以加快养老保险基金审计技术与审计方法创新，改变现行的养老保险基金审计方式滞后的现状。历经二十年探索与实践，"金审工程"前两期建设成效显著，已初步建成了国家审计数据中心、现场审计实施系统与计算机联网审计统一作业平台。"金审工程"三期建设将结合国家大数据发展战略完善国家审计数据中心和省级审计数据分中心，进一步探索大数据时代联网审计的应用途径与实现方法。另一方面，社会保险信息化系统建设成果为养老保险基金联网审计系统建构创造了良好的外部条件。随着"金保工程"信息系统建设的纵深推进，全国统一的劳动与社会保障电子政务工程正在建设，各省市各地区社会保险经办机构和社保基金监管部门的信息化管理系统不断成熟，大部分基本实现了养老保险基金业务经办操作智能化、财务会计电算化和养老保险基金管理信息化，养老保险业务登记、基金申报、审核、征缴、发放、稽核、管理与投资运营等各个环节基本纳入"金保工程"信息管理系统，统一实行计算机集中管理，这为实施养老保险基金联网审计奠定了良好的外部条件。

（三）养老保险基金联网审计系统建构的客观需求

养老保险基金联网审计系统建构具有重要的客观需求。截至2017年年底，我国的基本养老保险参保总人数为91548万人，基本养老保险基金征缴总收入为34213亿元，基本养老保险基金总支出为40424亿元，基本养老保险基金累计结存为50202亿元。由此可见，规模如此庞大的养老保险基金参保人数、收支与结余基金，为养老保障事业的可持续发展提供了强有力的资金支持，但同时也增加了养老保险基金审计监管难度与监管风险，养老保险基金审计监管效率问题日益凸显。这意味着审计机关深入开展养老保险基金审计的难度越来越大，仅仅通过传统的手工查账方式揭露审计问题变得越来越难，依靠现场审计和计算机辅助审计方式也难以掌握养老保险基金的整体运行状况。此外，"金保工程"信息管理系统的不断完善，大部分地区的养老保险基金业务数据、财务数据和外部关联数据基本上都以电子数据格式集中存储在社会保险经办机构等被审计单位数据库中，这种电子数据存储模式在采集和传输过程中较容易被篡改和损毁，造成数据泄密，且电子数据舞弊往往具有更强的隐蔽性，从而增加了审计的复杂性和审计取证难度。因此，为了对规模日益壮大的养老保险基金进行实时审计与动态监管，提高养老保险基金审计监管效率与技术含量，更为了应对养老保险基金审计业务发展中面临的现实挑战，审计机关必须充分发挥计算机联网审计的天然优势，加快建构与我国养老保险基金审计业务发展需求相适应的联网审计系统。

二 养老保险基金联网审计系统建构的数据需求

近年来，我国养老保险制度体系日渐完善，养老保险基金业务迅速发展，与养老保险基金相关的各类数据与日俱增。尤其从2011

年 7 月新的《中华人民共和国社会保险法》实施以来，我国养老保障事业的发展进入了一个新高点，养老保险服务人群由制度全覆盖逐步迈向人口全覆盖与养老权益保障全覆盖。自 2014 年 5 月社会保险全民参保计划启动试点以来，我国各省市各地区积极响应政策号召，全面大力推进社会保险全民参保登记工作，覆盖海量数据的全民参保登记基础信息数据库正在逐步建设。"十三五"期间，我国的社会保险全民参保计划将得到全面实施，这意味着与养老保险基金相关的数据规模将进一步扩大，养老保险基金大数据时代即将到来并呈现出数据爆炸式增长、数据种类繁多以及数据信息变更速度快等特点，这意味着审计机关将面临更加复杂的养老保险基金审计环境，审计风险与日俱增，审计取证要求更高的技术含量。由此可见，在审计信息化背景下加快创新养老保险基金的审计技术与审计方法，积极探索计算机联网审计新模式在养老保险基金审计领域中的应用思路与途径，以实现养老保险基金实时审计与动态监管，提高养老保险基金审计监管效能，俨然成为当前我国各级审计机关面临的一项重要任务。养老保险基金审计的数据需求是养老保险基金联网审计系统建构的客观需求，探索养老保险基金联网审计系统建构需要把握好养老保险基金数据的基本范围与内容。如图 4 - 2 所示，本书将从养老保险基金的数据性质、数据类型与数据来源三个角度剖析养老保险基金联网审计系统建构的数据需求。

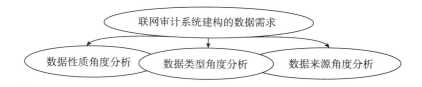

图 4 - 2　养老保险基金联网审计系统建构的数据需求

（一）基于养老保险基金数据性质的角度分析

一方面，根据养老保险基金数据的产生时间分析，养老保险基金联网审计系统建构需要考虑的数据主要包括存量数据和增量数据。存量数据是指由社会保险经办机构等被审计单位在某一段时期内产生的养老保险基金数据，这实质上从动态角度反映了被审计单位在某一段时期内的养老保险业务发展情况和财务核算状态。审计机关需要借助联网审计系统审查养老保险业务层面与财务层面的存量数据，以实时把握被审计单位的养老保险业务发展趋势与财务核算动态，通过发现具有周期性变化特征的存量数据锁定审计疑点，提高审计效率。增量数据是指被审计单位在某一个时间点上产生的养老保险基金数据，这实质上从静态角度反映了被审计单位在某一个时点上的养老保险业务发展情况和财务核算状态。审计机关需要借助联网审计系统审查养老保险业务层面与财务层面的增量数据，以提前做好事前审计部署，第一时间锁定审计疑点，突破审计重点。另一方面，根据养老保险基金具体种类分析，养老保险基金联网审计系统建构需要考虑的数据主要包括城镇企事业单位职工基本养老保险基金数据、城镇居民基本养老保险基金数据和新型农村社会养老保险基金数据。养老保险种类不同，其缴费申报条件、审核程序、缴费基数、缴费比例和待遇发放标准等均存在较大差异。因此，审计机关在养老保险基金联网审计过程中需要结合养老保险基金的种类确定具体的联网审计实施方案，包括联网审计的总体目标、数据采集范围和数据分析策略等。

（二）基于养老保险基金数据类型的角度分析

一方面，根据养老保险基金数据的存储形态分析，养老保险基金联网审计系统建构需要考虑的数据主要包括结构化数据和非结构化数据。近些年，随着我国养老保险业务的迅速发展，养老保险基金非结构化数据越来越多，数据结构及其存储形态越来越复杂，使得养老保险基金审计监管难度越来越大，这对审计机关的数据式审计能力提出了新挑战。养老保险基金结构化数据是指直接存储在被审计单位数据库中的养老保险基金业务数据与财务数据（数字、符号等数据信息），这类数据能够采用关系型数据库二维表结构进行逻辑表达和实现。养老保险基金非结构化数据是指不能通过数据库二维表结构进行逻辑表达和实现的养老保险基金数据。例如，在养老保险业务经办与养老保险基金管理中所形成的文本、XML、HTML 文档、图像、图片、图形、多媒体数据、PDF 格式文件、音频和视频等数据信息均属于非结构化数据。随着现代网络通信技术、人工智能与多媒体技术的不断发展，审计机关在养老保险基金联网审计过程中不仅要审查大量的结构化数据，还需要搜集和分析处理各种非结构化数据，以充实审计证据类型，提高审计效能。另一方面，根据养老保险基金的收支类型分析，养老保险基金联网审计系统建构需要考虑的数据主要包括收入、支出和结余数据。收入数据主要包括参保单位与个人缴纳的养老保险费收入、各级财政拨款与补助收入（中央、各省市、各县区财政配套资金）、养老保险基金利息收入、养老保险转移收入与调剂金收入等方面数据。支出数据主要包括养老保险待遇支出（离休金、退休金与丧葬抚恤费支出等）、养老保险转移支出等方面数据。结余方面的数据是指与养老保险基金结余相关的数据信息，例如结余基金保值增值与投资运营情况等。

（三）基于养老保险基金数据来源的角度分析

从养老保险基金数据来源的角度分析，养老保险基金联网审计系统建构需要考虑的数据主要包括内部数据和外部关联数据。内部数据主要是指来源于社会保险经办管理机构等被审计单位的业务数据、财务数据和基础数据。其中，养老保险基金业务数据是指在养老保险业务经办环节产生的相关数据，主要包括养老保险基金登记、申报、审核、征缴、支付、稽核、管理使用和投资运营等各项业务环节产生的数据；养老保险基金财务数据是指反映养老保险基金财务会计核算过程的各类会计报表数据，主要包括养老保险基金的月报数据、季报数据和年报数据等财务报表数据以及财政预算决算报表数据、养老保险基金统计分析报表数据和综合分析报表数据等其他类型的报表数据；养老保险基金基础数据是指养老保险业务经办管理单位的内部职能科室及其人员编制信息；外部关联数据主要是指来源于财政部门、税务部门等相关部门且与养老保险基金内部数据具有关联性的外部行业和部门数据。例如，来源于财政部门的养老保险财政专项补贴基金、税务部门的企业纳税信息、医疗保险经办管理部门的医疗报销数据、公积金管理部门的公积金缴费记录、工商管理部门的企业注册信息、就业管理部门的就业登记信息以及公安部门的人口户籍信息等，这些外部信息来源构成了养老保险基金联网审计的外部关联数据。审计机关在养老保险基金联网审计过程中经常需要以外部关联数据作为突破口，对养老保险基金的业务数据与财务数据进行关联审查，尤其在延伸审计查证和审计取证过程中，外部关联数据的重要性更能凸显。

第二节 养老保险基金联网审计系统总体架构设计

如图 4-3 所示，在本节中，本书根据养老保险基金联网审计的基本原理以及养老保险基金联网审计系统建构的现实依据与数据需求，着重从养老保险基金联网审计系统的基础设施层、数据管理层、基础应用层、绩效评价层和安全监管层五个层面探讨养老保险基金联网审计系统的总体架构设计及其基本功能模块。

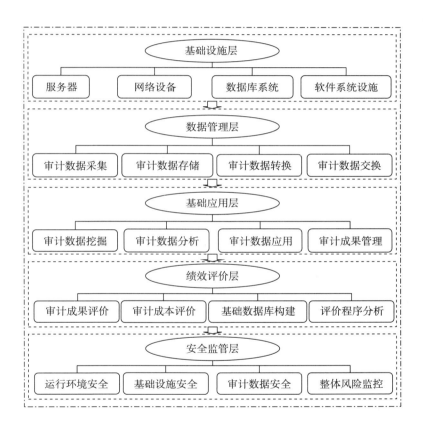

图 4－3　养老保险基金联网审计系统总体架构设计

一　养老保险基金联网审计系统的基础设施层

养老保险基金联网审计系统基础设施层是重要的 IT 信息资源服务层和基础设施服务层，其基本功能是为审计机关实施养老保险基金联网审计提供整个计算机联网审计系统正常运行所需的网络环境以及硬件软件等方面的基础设施保障服务。本书研究认为，从计算机联网审计系统运行所需的基本功能情况分析，养老保险基金联网审计系统总体架构中的基础设施层主要应当涵盖养老保险基金联网审计硬件系统设施和养老保险基金联网审计软件系统设施两个组成部分。

（一）养老保险基金联网审计硬件系统设施

联网审计硬件系统设施主要包括联网审计系统服务器、网络设备和数据库系统等硬件设备。其中：（1）服务器。联网审计系统服务器是计算机网络中枢和信息化核心，通常选择便于日常维护保养和管理，具备兼容性、可扩展性和较强稳定性的服务器。具体而言，联网审计系统服务器主要包括应用服务器（客户端服务器）和数据库服务器。由于联网审计要处理大规模数据，因而要求配置安全高效、性能稳定和兼容性较高的小型机或 PC 服务器，为了确保快速接收网络信息，其基本功能是为审计机关与被审计单位之间网络连接提供安全端口和标准化数据接口，防止联网审计数据泄露或被肆意篡改。（2）网络设备。网络设备是连接互联网的物理实体，联网审计系统运行所需的网络设备包括数据采集设备、数据存储设备、路由器、安全芯片、数据灾难备份、安全网关、防火墙和交换机等。其中，数据采集设备主要是联网审计数据采集器等。数据存储设备包括光盘、网盘、U 盘和移动硬盘等存储介质以及服务器外置存储设备，例如直连式存储 DAS 和网络附加存储 NAS 等。（3）数据库系统。联网审计系统运行需要具备的数据库系统主要包括数据库管理系统和数据库一体机。其中，数据库管理系统（Database Management System）主要是用于建立、使用、管理和维护保养各种大型数据库的大型应用软件，例如 Oracle、SQL Server 等数据库管理系统。数据库一体机是养老保险基金联网审计系统数据库的重要支撑平台，其核心是 SQL 体系。SQL 体系的主要功能包括 SQL 解析、SQL 查询、优化引擎、索引和存储等，较适用于存储关系型数据，例如 Oracle 数据库一体机 SuperData 等。

（二）养老保险基金联网审计软件系统设施

养老保险基金联网审计软件系统设施是由相关的系统软件和应用软件两部分所组成的计算机软件系统。其中：（1）系统软件。操作系统（OS）是最基本的联网审计系统软件，其基本功能是管理联网审计软件资源，为计算机联网审计系统应用软件提供基础支撑和数据接口服务。实施联网审计要求操作系统为分布式操作系统，通常选用 Windows Server、Linux 和 Unix 操作系统。（2）应用软件。计算机联网审计系统应用软件主要包括审计系统管理软件 OA、现场审计应用软件 AO 与计算机联网在线审计应用软件 OLA。OA、AO 和 OLA 是当前我国审计机关在计算机联网审计实务中最常用的三大审计应用软件。基于审计应用软件的基本功能分析，审计系统管理软件 OA 实现了审计业务无纸化办公、计算机联网审计项目实施计划及其审计实施方案的智能化管理和分配。现场审计应用软件 AO 是国家审计信息化系统建设项目"金审工程"的重大建设成果，目前已成为我国审计机关实施计算机审计、强化计算机审计项目质量控制管理、实现审计数据与各项资源信息共享的重要软件。计算机联网审计需要现场审计的辅助与配合，现场审计应用软件 AO 是计算机联网审计系统应用软件的重要辅助性工具。计算机联网在线审计应用软件 OLA 具有存储容量大、计算能力强、数据分析功能丰富和运行速度快等基本特征，因而审计机关可以借助 OLA 对海量的养老保险基金数据进行横向关联、纵向比对和远程在线审计。整体而言，当前我国养老保险基金联网审计系统应用软件主要集 OA、AO 和 OLA 三大应用软件于一体。

二 养老保险基金联网审计系统的数据管理层

本书研究认为，养老保险基金联网审计系统总体架构中的数据管理层是养老保险基金联网审计系统的数据支撑平台，其主要功能是为审计机关开展养老保险基金联网审计而提供高质量的标准化数据资源。如图 4-4 所示，根据《国家审计数据中心基本规划》《国家审计数据中心系统规划》和《审计署审计业务电子数据管理办法（试行）》等相关要求，本书研究认为，养老保险基金联网审计系统的数据管理层应当主要涵盖养老保险基金联网审计数据采集、养老保险基金联网审计数据存储、养老保险基金联网审计数据转换和养老保险基金联网审计数据交换四大功能模块。接下来，将分别分析各个功能模块的基本内容。

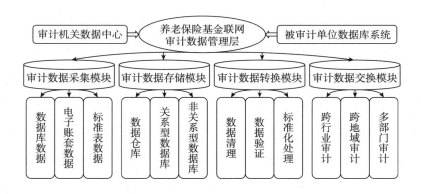

图 4-4 养老保险基金联网审计系统数据管理层

（一）养老保险基金联网审计数据采集模块

数据采集是养老保险基金联网审计的基础环节。审计机关顺利开展养老保险基金联网审计的第一步工作就是采集与预期审计目标相符的电子数据。联网审计数据采集的主要作用是为审计机关提供原始数据，由于原始数据采集质量将直接影响审计机关后续数据分析、审计判断与审计决策。因此，审计机关需要在联网审计调查阶段提出详细的审计数据采集需求，按照预期的审计目标，采用科学的数据采集方式和方法，从被审计单位数据库系统中采集到高质量的原始数据。审计机关可以借助养老保险基金联网审计数据采集模块导入内部数据和外部关联数据。审计数据采集模块内置多种数据采集标准化接口，主要可以采集如下三大类数据：一是数据库数据（被审计单位数据库管理系统中的养老保险基金业务数据）；二是电子账套数据（反映被审计单位养老保险基金财务会计核算的财务报表数据）；三是标准表数据（主要由审计署统一设置的具有明确数据结构的数据表数据，例如养老保险基金征缴明细表、养老保险退休待遇支出明细表等）。

1. 关于养老保险基金联网审计的数据采集方式

在联网审计环境下，审计机关可以通过直接采集方式或在被审计单位设置前置机方式采集养老保险基金数据。其中，直接采集方式是指审计人员通过用户授权访问方式，直接远程访问被审计单位的数据库系统，或者采用 U 盘或移动硬盘等存储介质直接现场从被审计单位数据库中拷贝所需的电子数据。这种采集方式的特点是简单易操作，但存在较大风险，易造成数据损坏、丢失或泄露，因而仅适用于采集局域网内的电子数据。设置前置机方式是指在被审计单位设置数据采集服务器，经过注册管理后将其与数据采集模块进行专线连接，审计机关可以根据联网审计需求实时采集数据或根据养老保险基金业务特征和数据结构定义数据采集周期，实现增量数据定期采集。相较于直接采集方式，设置前置机方式具有连续性和实时性的数据采集特征，因而较适用于采集广域网内的电子数据。

2. 关于养老保险基金联网审计的数据采集流程

如图 4 - 5 所示，在被审计单位设置前置机方式采集养老保险基金数据的基本流程：首先，由审计机关向养老保险经办机构等被审计单位提出数据采集申请并下达养老保险基金联网审计数据采集申请单，明确养老保险基金联网审计数据采集范围；其次，指派审计数据采集专员在规定时间内通过合理的数据采集方式从被审计单位数据库系统中导出原始数据；最后，由审计数据采集专员将采集到的原始数据进行分类整理、统一编码、规范打包和加密处理之后，借助审计机关内设的数据传输专网将原始数据安全输送至审计机关指定的审计数据中心，为养老保险基金联网审计数据存储与数据转换等后续业务环节提供规范的原始数据。

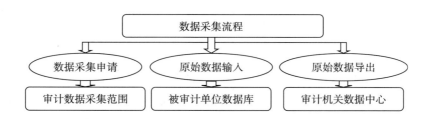

图 4 - 5　养老保险基金联网审计数据采集流程

（二）养老保险基金联网审计数据存储模块

数据存储是养老保险基金联网审计的关键环节，其主要作用在于将采集到的原始数据进行分类存储管理，为审计机关实施养老保险基金联网审计提供数据存储方案。一方面可以通过数据仓库（异构分布式数据库集成技术）存储历史数据（一种比较静态数据，例如历年的养老保险基金会计账簿、财务报表等财务数据；变更时间具有周期性规律且相对较固定的数据，例如养老保险基金缴费基数、缴费比例），以便为审计人员开展审计决策提供历史数据参考；另一方面可以通过"MPP（关系型数据库）＋Hadoop（非关系型数据库）"混合架构式数据库存储和整合高频数据（变化时间较快的实时性、动态性数据，例如在养老保险基金征缴、支付和管理使用等各个环节中产生的业务数据），辅助审计人员实时把握养老保险基金业务发展趋势以及养老保险基金收支、结余情况，为审计人员开展审计判断与决策提供动态性指标依据，更好地识别养老保险基金审计监管风险。

1. 关于养老保险基金联网审计的数据存储模式

由于从被审计单位采集到的原始数据大小不一致，有的是微型数据，有的是大型数据。因而，审计机关需要运用不同的数据存储模式分类存储原始数据，以便实施数据转换处理。微型数据适于采用分散存储模式进行存储；大型数据由于数据转换处理难度较大，因而适于采用集中存储模式进行存储。分散存储与集中存储是审计机关在养老保险基金联网审计中常用的数据存储模式，这两种存储模式具备各自的特征。例如，分散存储模式的投资成本较低，耗费较少，存储操作较灵活便捷，因而较适用于存储规模小、业务量和数据量少的联网审计项目数据。集中存储模式的存储容量较大，较适用于处理大规模数据，且由于采用统一的数据存储格式存储原始数据，因而具有较强的实用性，便于集中管理和使用原始数据，也便于在不同的数据库系统之间实现原始数据的转换和数据共享。

2. 关于养老保险基金联网审计的数据存储模型

在养老保险基金联网审计数据存储中，无论采用哪一种数据存储模式都离不开数据存储模型。如图 4 - 6 所示，养老保险基金联网审计数据存储模型是一种基于计算机联网审计数据存储服务器存储海量养老保险基金数据的模型，该存储模型主要由远程控制管理服务器和分布式硬件存储设备两大组件构成。其中，远程控制管理服务器基于远程控制软件来实现养老保险基金联网审计数据存储功能，主要涵盖客户端程序（Client）与服务器端程序（Server）两个部分，其基本功能是提供远程访问、远程控制和远程管理服务，为审计机关与被审计单位之间提供安全的数据存储接口，并能够同时接受多个用户的远程访问请求，从而有利于确保养老保险基金联网审计数据存储远程访问控制安全可靠。分布式硬件存储设备的基本功能是对海量的养老保险基金数据进行数据备份、数据恢复和数据容灾。

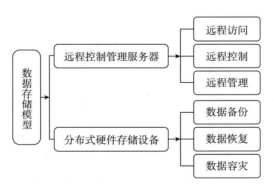

图 4 - 6　养老保险基金联网审计数据存储模型

（三）养老保险基金联网审计数据转换模块

数据转换模块在养老保险基金联网审计过程中具有承上启下的作用。为解决原始数据格式不一致的问题，审计人员需要结合审计署关于计算机审计数据规划的要求对原始数据进行数据清理、数据验证等标准化处理，然后按照审计机关预先设置的联网审计数据转换规则（例如根据养老保险基金类型、养老保险基金数据结构或被审计单位关系数据库类型定义数据转换条件与规则），对存储在审计机关数据中心的原始数据进行数据库格式转换和数据内容转换。数据清理是指为提高数据质量而对存在缺失、不准确或格式不一致等问题的原始数据进行标准化处理。数据验证主要是指核查、检验原始数据的真实性、准确性和完整性。

我国养老保险基金碎片化管理增加了审计监管难度，加上被审计单位信息管理系统存在差异、养老保险基金数据管理系统应用版本不一致或数据存储模式存在差异等多方面原因，导致审计机关采集到的原始数据存在数据编码不同、数据结构不一致等问题。因此，审计人员需要借助联网审计数据转换模块中的数据转换与识别功能将原始数据转换成具有标准化、规范化格式的数据。例如，借助数据转换模块将原始数据转换成标准化数据，根据养老保险基金类型或联网审计项目主题进行分类，构建基础性审计中间表，实现养老保险基金业务数据与财务数据交叉稽核，为后续开展审计数据挖掘与数据分析提供统一格式的标准化数据。

如图4-7所示，养老保险基金联网审计数据转换包括4个基本步骤：（1）数据合规性检查。原始数据来自于不同被审计单位的不同硬件平台，被审计单位存在不同的操作系统，因而数据通常以不同的格式存放于各类数据库中。因而，在数据转换的过程中，审计人员与数据专管员需要对原始数据进行合规性检查，重点将语义相同但格式不同的数据转换成标准化格式。（2）数据清理。数据清理涉及数据的匹配与合并。数据匹配是指通过检索缺失、重复或近似重复的数据记录与信息，重点查找表现形式不同但语义相同的数据记录与信息。例如，两条数据记录的某些字段值相同或相似，则将这两条数据记录视为近似重复，经过逐条比对确认无误后需要进行数据整合（数据合并）操作。数据合并即为数据整合，它主要是指将同类数据生成一个完整的数据对象或数据集合，并统一加载到一个新的数据源的过程。（3）数据变换操作。数据变换主要包括变换原始数据中某些字段的类型与长度、变换原始数据的日期与时间格式或者将原始数据中的多个字段值合并成一个字段值等。（4）缺失数据处理。在原始数据采集、传输、存储和转换等过程中可能存在数据损坏或空缺等数据缺失问题，数据管理员在数据转换中可以对这类数据采用全局常量或属性平均值填充空缺值的方法补齐缺失数据。

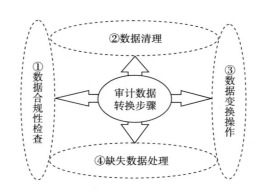

图 4 - 7　养老保险基金联网审计数据转换步骤

（四）养老保险基金联网审计数据交换模块

数据交换模块是养老保险基金联网审计数据管理层的关键组件，其主要功能是辅助审计机关开展跨部门跨行业跨地域审计，以实现养老保险基金外部关联数据和异地审计数据之间的交换对接。审计机关具体应当以审计署计算机联网审计支撑平台为依托，将本地养老保险基金监管部门与财政部门、税务部门和工商部门等外部关联部门进行网络互联，各省市各县区各级审计机关借助本地养老保险基金联网审计系统内设的数据交换模块实现异地审计数据交换和跨行业多部门协同审计，促进国家、省、市、县区四级审计机关之间实现数据共享与资源整合，推进各省市各县区早日建成养老保险基金数据集中监管的联网审计模式。

三　养老保险基金联网审计系统的基础应用层

基础应用层是养老保险基金联网审计系统的核心架构层，其主要功能是将数据挖掘思维、数据分析技术、数据应用与成果管理方法融入基础应用层系统模块中，实现养老保险基金联网审计数据挖掘流程标准化、数据分析功能模块化、数据应用以及成果管理过程智能化。从审计信息化国际发展趋势来看，在计算机联网审计模式中，数据挖掘技术、多维数据分析技术和审计分析模型将获得广泛应用（刘誉泽，2017）。如图 4 - 8 所示，本书从养老保险基金联网审计数据挖掘、养老保险基金联网审计数据分析、养老保险基金联网审计数据应用和养老保险基金联网审计成果管理四大层面建构养老保险基金联网审计系统基础应用层。

审计数据挖掘模块				审计数据分析模块				审计数据应用模块			审计成果管理模块		
数据挖掘主题	数据挖掘范围	数据挖掘建模	数据挖掘结果	筛选查询分析	多维数据分析	审计预警分析	专题审计分析	可视化数据分析	审计数据组织	审计数据检索	审计数据使用	审计成果分析	审计成果应用	审计成果评价

图 4 - 8　养老保险基金联网审计系统基础应用层

（一）养老保险基金联网审计数据挖掘模块

数据挖掘是大数据分析处理的关键实现技术，通过数据挖掘技术能够在分析处理海量数据过程中挖掘出疑点数据，审计机关通过对疑点数据的审查与分析获得审计结果，从而有助于缩小审计查证分析范围，提高决策效率（谢岳山，2013）。审计数据挖掘是指在描述、推断和预测目标审计数据的基础上提取有价值的数据信息并获得审计发现的过程（杨蕴毅等，2015）。数据挖掘有利于审计人员实现大数据总体分析，自主发现异常审计数据和审计疑点（王会金，2012）。养老保险基金联网审计数据挖掘是指审计人员采用关联规则、序列分析、分类分析、统计推断分析、聚类分析和异常数据检测等多种数据挖掘技术，对养老保险基金数据展开深度挖掘，从中提炼出对审计判断与审计决策具有参考价值的目标审计数据和相关信息，能揭示数据之间的内在规律、初始逻辑关系与前因后果等相互关系，进而为审计机关开展审计预测和审计风险决策提供审计依据的动态过程。

一方面，由于我国养老保险基金审计具有点多面广、数据结构复杂、数据信息海量和政策性强等基本特征，定性地分析养老保险基金监管中存在的问题较容易，但定量分析并准确预测养老保险基金的征缴、支付、管理使用、投资运营以及养老保险基金期末结余分布状况却存在较大的难度。为此，借助当前我国审计信息化发展背景进一步加快探索采用数据挖掘技术挖掘和预测养老保险基金的收支规模、养老保险基金结构及其保值增值情况、养老保险基金隐性债务风险和养老保险基金投资入市收益趋势等关键性指标显得至关重要。另一方面，由于被审计单位的养老保险基金业务规模大、养老保险基金各方面的相关数据更新频率较快，因而审计机关需要借助科学的数据挖掘技术挖掘有价值的数据信息，为后期开展审计数据分析和审计数据应用提供目标数据。如图4-9所示，审计数据挖掘是一个动态循环与迭代优化的过程，本书借鉴吕新民和王学荣（2007）的研究，从如下四个方面探讨养老保险基金联网审计数据挖掘的基本思路和程序：

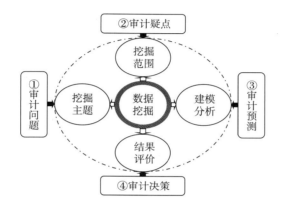

图4-9　养老保险基金联网审计数据挖掘思路

1. 定义养老保险基金联网审计数据挖掘主题

定义数据挖掘主题应当根据养老保险基金的类型和联网审计业务类型分析养老保险基金数据的基本含义与基本特征，并结合具体的养老保险基金联网审计需求与预期审计目标，将养老保险基金联网审计需要解决的主要问题及其审计疑点转换成数据挖掘问题，以确定养老保险基金联网审计数据挖掘的主题和需求。

2. 明确养老保险基金联网审计数据挖掘范围

根据养老保险基金联网审计数据挖掘的主题，从养老保险基金联网审计系统数据管理层中筛选出能够被联网审计数据挖掘模块识别的数据源，并组成一个数据集合，据此作为养老保险基金联网审计数据挖掘的具体对象与数据挖掘范围。

3. 养老保险基金联网审计数据挖掘建模分析

养老保险基金联网审计数据挖掘建模是一个持续更新和动态修正数据挖掘模型的过程，其重点是要确定数据挖掘的算法和挖掘技术。根据养老保险基金联网审计数据挖掘的主题和需要解决的审计问题属性特征设置具体的审计数据挖掘规则与算法参数，并匹配相应的数据挖掘技术，例如关联分析、回归分析、分类分析、统计分析、聚类分析和贝叶斯分析等，以实现对数据挖掘对象的深度挖掘和信息提炼，据此自动汇总联网审计数据挖掘结果并生成联网审计数据挖掘分析报告，为后期开展审计数据分析及进一步延伸落实关键审计问题提供参考。

4. 养老保险基金联网审计数据挖掘结果评价

结合养老保险基金联网审计的业务需求，根据审计人员的职业判断和大数据分析专家的数据分析经验执行养老保险基金联网审计数据挖掘结果的评价程序，检验联网审计数据挖掘分析报告的可用性。若发现疑点数据，则在修正挖掘模型的基础上重新展开挖掘，直至获得审计预测和决策所需的数据信息和分析结果。

（二）养老保险基金联网审计数据分析模块

养老保险基金联网审计数据分析是指审计人员根据养老保险基金审计数据挖掘分析报告进行审计取证和审计分析的过程，例如重新计算、审查核对、统计抽样、逻辑推理、职业判断与审计预测等程序。养老保险基金联网审计数据分析结果是否准确将直接影响审计人员对审计证据的评价和判断，继而必然影响审计决策和审计结论。养老基金联网审计数据分析模块是基础应用层的核心组件，其基本功能是对养老保险基金数据进行筛选查询、分类汇总、多维分析、预警分析、专题分析与可视化分析，进而实现养老保险基金精细化管理。如图 4 - 8 所示，本书将主要从筛选查询分析、多维数据分析、审计预警分析、专题审计分析和可视化数据分析五个层面探索建构养老保险基金联网审计数据分析的功能模块。

1. 养老保险基金联网审计的筛选查询分析

筛选查询分析的实质是一组编程命令，这是联网审计实务中最常用的数据分析功能。审计人员可以通过筛选查询分析器直接导入筛选查询条件、查询命令（例如结构化查询命令 SQL 语句）或数学函数，快速实现疑点审计数据和异常审计数据的动态筛选与查询，从而能够有效地缩小审计取证范围，提高审计取证效率。

2. 养老保险基金联网审计的多维数据分析

审计人员在养老保险基金联网审计过程中需要审查较多的电子会计凭据、账簿账表和会计报表相关资料等，审计业务量非常庞大，养老保险基金数据分类较多、财务报表审计精确度要求较高、政策性要求强且审计时间跨度较长。因此，审计机关需要在规定的时间节点内顺利完成审计任务，必须借助联网审计系统将养老保险基金财务数据和业务数据等各类相关数据纳入多维数据分析模块，通过多维数据分析提升审计数据分析效率，缩短审计数据分析时间，综合实现时间维度、空间维度和关联维度等多维度数据分析和统一管理，进而整体把握养老保险基金的微观监管动态和宏观运行状况。具体而言，养老保险基金联网审计数据的多维分析主要步骤包括如下三个方面：首先，根据审计数据之间的逻辑关系定义数据分析维度，主要包括数据分析维度的名称、类型和规则等；其次，通过多维数据分析引擎，从养老保险基金联网审计系统数据管理层中提取所需的数据指标；最后，基于数据分析维度与数据指标之间的逻辑关联关系建立数据多维分析表，采用钻取（主要改变维度层次，包括向下钻取和向上钻取）、旋转（主要调整维度顺序）、切块（主要限定维度取数范围，按照不同维度切块）、切片（主要固定某个或多个维度保持不变）等方式对目标审计数据展开多层次多视角分析。

3. 养老保险基金联网审计的审计预警分析

预警分析是指以月份、季度或年度为计量单位，通过设定养老保险基金征缴率、养老保险基金支付率、养老金赡养率、养老保险基金投资运营效率和养老保险基金保值增值收益率等相关的审计预警指标，根据预警指标之间的逻辑关系建立审计预警分析方案，采用搜索引擎设置审计预警条件与规则，通过预警分析模块实施审计预警方案，进而锁定审计疑点和异常数据的过程。具体而言，审计预警分析模块具有预警指标的导入、导出、变更记录、自动汇总和分类报送等基本功能。例如，当被审计单位的养老保险基金数据产生新增或删减变更时，审计预警指标将随之发生变更，同时审计预警分析模块能够记录不符合预警条件与规则的数据，自动分类报送至养老保险基金联网审计系统服务器中。审计人员可以通过导入审计预警指标，获取预警指标数据，对养老保险基金的征缴、支付、管理使用和投资运营等情况实施动态预警和在线监控，以快速锁定审计疑点与线索。

4. 养老保险基金联网审计的专题审计分析

专题审计分析是指审计人员在规定的时期内针对被审计单位某一特定的养老保险业务或基金类型进行重点审查、分析并出具专题审计分析报告的过程。专题审计又称为局部审计，其相对于全面审计而言往往具有更强的时效性与审计适应性，因其审计范围较小，在查证取证过程中可能存在遗漏某些重要经济事项问题，但由于专题审计项目的耗时较短、工作量较小、审计成本较低，因而审计人员能够及时地发现并纠正专题审计项目中存在的一些问题。具体在联网审计环境下，审计机关可以根据养老保险基金的类型或养老保险基金业务的具体经办环节形成专题审计项目（例如机关事业单位基本养老保险基金专题审计、养老保险基金征缴业务专题审计），并根据养老保险基金的财务数据与业务数据、内部数据与外部关联数据之间的映射关系建立专题审计思路，并形成专题审计方案。

5. 养老保险基金联网审计的可视化数据分析

数据可视化分析技术是大数据时代审计机关开展审计数据分析的一种核心技术，因其具有强大的数据展现和可视化功能而特别适合用于分析半结构化和非结构化数据。可视化数据分析模块可以将半结构化与非结构化数据进行结构化处理，并采用图形、图表、图像和动画等可视化方式直观形象地展现目标审计数据，从而有助于审计人员多样式、多层面地分析养老保险基金的整体运行趋势及其发展脉络，宏观地把握养老保险基金联网审计的重点，并微观锁定审计疑点，精准定位可能的审计线索，从而有利于集中分析养老保险基金运行中存在的主要问题，推进养老保险基金审计重点与审计深度全覆盖。具体而言，可视化数据分析模块可以在多维数据分析和审计预警分析的基础上形成一个数据视图窗口，审计机关能够直接通过可视化数据分析器对视图窗口中的数据进行筛选、查询、分类、汇总与排序等操作，还能够根据审计预警分析过程中锁定的审计疑点和异常审计数据设计数据分析图表，同时通过制作趋势图、折线图等多种分析图形直观形象地反映疑点数据分析的全过程，从而有利于审计人员及时地发现并揭示养老保险基金运行中存在的各种缺陷和风险隐患，推动养老保险基金监管效能的提升。

养老保险基金联网审计数据分析的基本步骤：（1）充分了解被审计单位的信息管理系统与审计数据存储格式，掌握原始数据的特征及其经济内涵。（2）明确数据分析的目标、主题、重点和范围。（3）结合数据分析的目标、主题、重点和范围，选取合适的养老保险基金联网审计应用软件构建审计数据分析模型。数据分析模型建构是数据分析过程中最为关键的步骤。审计数据分析模型实质上是典型的"计算机分析＋审计师决策"模型（人机结合审计方式，即人工审计＋计算机辅助审计）。（4）利用审计数据分析模型开展数据分析。审计人员首先需要将原始数据和分析命令导入审计数据分析模型中，并构建审计数据中间表（基础性审计中间表，一种专门面向数据分析的数据存储模式），选取合适的数据分析功能模块对审计数据中间表中的数据展开分析，然后通过执行计算机命令获取数据分析结果，最后根据审计经验和职业判断进行结果评价，做出最终审计决策。

（三）养老保险基金联网审计数据应用模块

数据应用是养老保险基金联网审计系统基础应用层的增值功能。审计机关借助养老保险基金联网审计数据应用模块能够集中地管理和综合利用海量的养老保险基金数据，包括财务数据、业务数据、预算决算数据、外部关联数据以及在审计数据挖掘和数据分析过程中获得的相关审计数据。数据的集中管理和利用有助于保障审计数据的安全性和完整性，又有助于推进审计机关内部职能部门之间实现数据共享与资源整合，使审计人员能够更好地履行审计监督职责，进而提升养老保险基金审计监管效能。具体而言，本书从审计数据组织、审计数据检索和审计数据使用三个方面分析养老保险基金联网审计数据应用模块的基本功能。

1. 养老保险基金联网审计数据组织

数据组织是顺利实现养老保险基金联网审计数据应用的关键环节。审计数据组织是根据一定的数据组织规则与组织方式分类整理、归并和加工处理海量数据的过程。其中，在数据组织方式方面，基于审计数据的存储形态分析，审计人员可以按照结构化数据（主要是关系型数据库数据）和非结构化数据（例如办公文档、文本、多媒体数据和 PDF 格式文件等）进行数据组织；基于审计数据的来源分析，审计人员可以按照内部数据（养老保险基金财务数据、业务数据与管理数据）和外部关联数据（来自财政部门等相关部门的关联数据）进行数据组织；基于审计数据的内容分析，审计人员可以按照养老保险基金基础性审计数据、政策落实跟踪审计数据、预算执行审计数据和绩效评估审计数据进行数据组织。

2. 养老保险基金联网审计数据检索

为有效监管海量的养老保险基金联网审计数据，提高审计数据的综合利用效率和数据使用效果，应当建构审计数据检索模块，根据审计机关的数据检索需求、数据类型及其存储格式设置具体的数据检索方式、检索技巧和检索结果的显示方式。在数据检索方式方面，审计数据检索模块能够支持基本检索和高级检索两种检索方式。基本检索方式只能设置较少的检索选项，因而检索结果的准确度较低。高级检索方式可以通过布尔逻辑算符支持多字段检索功能（全部字段或任何字段），因而检索结果较精准。在数据检索技巧方面，通常需要设置关键词检索、精确检索和字段检索等相关技巧。在检索结果显示方式方面，需要设置检索结果排序和聚类功能，以快速地获取并定位所需数据，节约审计时间，提升审计效率。

3. 养老保险基金联网审计数据使用

数据应用的重要目标在于促进养老保险基金联网审计数据的规范使用。审计机关能够通过数据应用模块中的数据授权使用功能规范养老保险基金联网审计的数据使用程序。例如，若审计项目组在执行养老保险基金联网审计项目期间需要调用存储在审计机关数据中心的原始数据，审计项目组需要提前填写数据授权使用电子申请单，详细说明项目审计中需要调用的原始数据内容，然后经数据管理相关部门领导在线授权审批和相关负责人复核之后，由数据专管员根据授权审批单中的数据明细内容向项目组在线分配数据使用权限并监督数据使用全过程。

（四）养老保险基金联网审计成果管理模块

在审计信息化背景下逐步提高养老保险基金联网审计成果应用效率，加大对养老保险基金联网审计成果的综合利用力度，成为当前我国各级审计机关迫切需要解决的问题。本书研究认为，探索建构养老保险基金联网审计成果管理模块有助于从侧面推进该问题的解决。如图4-10所示，本书主要从养老保险基金联网审计成果分析、养老保险基金联网审计成果应用和养老保险基金联网审计成果评价三个方面设计养老保险基金联网审计成果管理模块的基本功能模型。

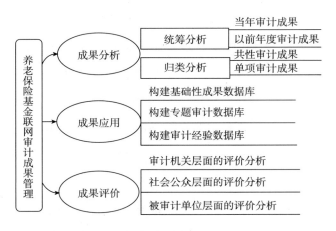

图4-10　养老保险基金联网审计成果管理模型

1. 养老保险基金联网审计成果分析模型

审计成果分析是整合各项审计资源，促进审计监督的一个重要环节。养老保险基金联网审计成果是评价和分析审计机关开展养老保险基金联网审计监督过程及其结果的一项重要依据。本书将从养老保险基金联网审计成果统筹分析和成果归类分析两个方面详细地探索构建养老保险基金联网审计成果分析模型。

一是对养老保险基金联网审计的当年审计成果（本期审计成果）和以前年度审计成果（历史审计成果）进行统筹分析。其中，当年审计成果统筹分析是以年度为单位汇总分析审计机关当年获得的养老保险基金联网审计成果，重点需要将养老保险基金联网审计工作底稿、各类联网审计报告和审计决定书等养老保险基金联网审计成果进行数据化处理，为后期撰写养老保险基金联网审计专题审计报告和综合分析报告储备一手资料。以前年度审计成果分析是审计人员通过养老保险基金联网审计成果管理模块实时提炼审计机关以前年度获得的养老保险基金联网审计成果，主要通过分析以前年度审计报告，辅助审计人员持续跟踪并实时督促被审计单位整改落实情况，推进审计机关与被审计单位之间实现有效沟通。

二是对审计机关在养老保险基金联网审计中获得的"共性审计成果"和"单项审计成果"进行归类分析。其中，"共性审计成果"主要是指能够反映养老保险基金联网审计中存在的普遍性问题的审计成果，即审计人员需要对同类审计成果进行系统性分析。例如，根据养老保险基金联网审计的主要内容归类分析不同类型的审计成果，并从中筛选、提炼出具有普遍性、苗头性和倾向性特征的"共性"问题，从而形成具有一致性的"共性审计成果"。"单项审计成果"主要是指能够单独反映某项独立业务的微观审计成果，这类审计成果在内容和性质两方面均具有独立性。例如，在机关事业单位养老保险缴费业务联网审计中，审计机关需要对某一段时间内所有机关事业单位养老保险的参保人数、缴费基数、缴费比例以及养老保险预缴、实缴、补缴和欠缴等方面的相关信息进行审计，据此形成的机关事业单位养老保险缴费业务专项审计报告属于"单项审计成果"范畴。

2. 养老保险基金联网审计成果应用模型

建立健全养老保险基金联网审计信息化传递体系，进一步推进养老保险基金联网审计信息传递机制建设，对于加快我国养老保险基金联网审计成果应用具有重要作用。审计机关借助养老保险基金联网审计成果管理模块能够综合利用各类审计成果。本书将主要从养老保险基金联网审计的基础性成果数据库、专题审计数据库、审计经验数据库三个方面设计养老保险基金联网审计成果应用模型。

（1）养老保险基金联网审计的基础性成果数据库构建。根据养老保险基金联网审计项目的性质与主题构建养老保险基金联网审计基础性成果数据库，以实现对养老保险基金联网审计过程中产生的养老保险基金联网审计调查报告、养老保险基金联网审计分析报告、养老保险基金联网审计综合报告、养老保险基金联网审计专题报告和养老保险基金联网审计结果公告等各类审计报告的分类管理，为审计人员提供实时的审计资料和数据信息，强化养老保险基金联网审计成果内部使用和转化效力，促进审计成果在审计实践中获得持续应用和多层次的转化。

（2）养老保险基金联网审计的专题审计数据库构建。以提高养老保险基金联网审计效能为基本导向，根据养老保险基金联网审计的重点项目审计结果撰写高质量的专题审计报告，从联网审计政策制度层面揭示养老保险基金联网审计实践中存在的主要问题及其解决措施，并将专题审计报告报送上级审计机关和政府相关部门，以增强养老保险基金联网审计成果在服务国家经济发展与社会建设方面的重要作用，充分发挥养老保险基金联网审计结果在政府宏观决策方面的参考作用和实践应用价值，进而提升养老保险基金联网审计成果的应用层次。

（3）养老保险基金联网审计的审计经验数据库构建。将审计机关在养老保险基金联网审计实践中运用到的计算机联网审计技术与审计方法、联网审计政策与制度、联网审计主要程序与思路等形成专家经验，构建养老保险基金联网审计专家经验数据库，并根据审计机关级别与审计人员职务设置专家审计经验数据库的访问权限，以满足不同级别的审计机关管理需要和相关领导的审计决策需求。

3. 养老保险基金联网审计成果评价模型

养老保险基金联网审计成果管理模块能够从审计机关、社会公众和被审计单位三个层面进行养老保险基金联网审计成果评价。本书将从审计机关评价、社会公众评价和被审计单位评价三方面设计养老保险基金联网审计成果评价模型。

（1）从审计机关的角度进行评价和分析。一方面需要通过构建标准化的养老保险基金联网审计成果评价指标体系，推进养老保险基金联网审计成果综合评价效果；另一方面需要将涉及的养老保险基金重大违规违纪或违法犯罪案件及时移交到纪检、监察部门和司法部门处理，并从养老保险基金联网审计体制机制和政策制度方面提出有助于政府部门决策的审计建议，以增强养老保险基金审计监管力度，提升审计机关运用计算机联网审计技术审查养老保险基金业务的能力。

（2）从社会公众的角度进行评价和分析。基于社会公众的视角，建立健全养老保险基金联网审计结果公开披露制度，通过政府部门官网、媒体报道和相关的刊物杂志等及时地披露事关国计民生的审计信息，以促进养老保险基金联网审计成果的综合应用，强化社会公众对养老保险基金联网审计成果的关注与监督。

（3）从被审计单位的角度进行评价和分析。一般而言，被审计单位对审计机关提出的养老保险基金联网审计整改建议的重视程度及其整改效果是评价分析养老保险基金联网审计成果应用价值的一个重要依据。为此，通过构建养老保险基金联网审计整改信息库定期审查、跟踪和反馈被审计单位的审计整改情况。

四 养老保险基金联网审计系统的绩效评价层

党的十九大报告明确指出"建立全面规范透明、标准科学、约束有力的预算制度，全面实施绩效管理"；2018 年国务院政府工作报告也强调"全面实施绩效管理，使财政资金花得其所、用得安全"。鉴于此，本书研究认为，养老保险基金联网审计系统的总体架构设计应当涵盖养老保险基金联网审计绩效评价层，以客观、公正地评价审计机关在一定时期内采用计算机联网审计方法开展养老保险基金审计所取得的实际成效，继而强化养老保险基金联网审计的质量监督以及联网审计成本控制，切实提升我国的养老保险基金联网审计监管效能。从狭义的角度分析，养老保险基金联网审计绩效评价是指由养老保险基金联网审计绩效评价主体利用科学合理的联网审计绩效评价方法和规范的联网审计绩效评价标准，客观、公正地评价审计机关开展养老保险基金联网审计过程及其结果的经济性（Economy）、效率性（Efficiency）与效果性（Effectiveness）（养老保险基金联网审计绩效评价"3E"标准），并针对养老保险基金联网审计绩效评价过程中发现的主要问题提出具有操作性的审计整改意见和改进举措。如图 4-11 所示，本书从养老保险基金联网审计绩效评价内容设计和养老保险基金联网审计绩效评价过程管理两个层面探讨养老保险基金联网审计绩效评价层的基本功能模块。

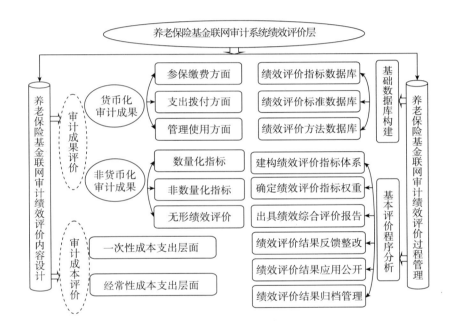

图 4-11 养老保险基金联网审计系统绩效评价层

（一）养老保险基金联网审计绩效评价内容设计

审计绩效评价结果的准确性与审计绩效评价内容设计的合理性息息相关（张永杰和罗忠莲，2015）。养老保险基金联网审计绩效评价内容的设计将直接关乎养老保险基金联网审计绩效评价质量和绩效评价结果的准确性。本书从审计成果评价和审计成本评价两方面探讨养老保险基金联网审计绩效评价内容的设计。

1. 养老保险基金联网审计成果方面的评价内容设计

基于审计成果能否被货币化的标准进行分析，可以从货币化审计成果和非货币化审计成果两个层面综合分析评价审计机关在养老保险基金联网审计中取得的工作成效。养老保险基金联网审计成果方面的具体评价内容设计如下：

（1）货币化审计成果。货币化审计成果主要是指分析和评价审计机关在养老保险基金联网审计过程中取得的能够采用货币单位进行计量的审计成果。这主要是从审计效益的维度评价养老保险基金联网审计结果的经济性，充分体现了审计机关在挽回养老保险基金损失和为国家增收节支方面产出的经济效益。具体可以从养老保险参保缴费、养老保险基金支出拨付和管理使用环节设计评价内容。

一是在养老保险基金参保缴费方面的主要评价内容包括：审查并整改违规参保人群缴纳的养老保险费数额；符合养老保险参保条件但却未纳入养老参保范围人群本应缴纳而未缴纳的养老保险费数额；因被审计单位养老保险基金业务管理不规范、缴费程序审核不严格或养老保险基金监管不力等原因产生的漏缴、重缴、补缴、少缴、欠缴或清缴养老保险费数额；养老保险基金损毁或流失的数额；被审计单位擅自为参保单位或个人减征、免征或核销欠缴养老保险费的数额等。

二是在养老保险基金支出拨付方面的主要评价内容包括：审查并整改养老保险基金管理部门和养老保险业务经办机构由于擅自扩大或缩小养老保险基金支出范围、更改养老保险基金支出标准等原因而在养老金待遇方面违规支出退休金的数额；财政国库支付中心未及时足额拨付到位的养老保险专项补助数额等。

三是在养老保险基金管理使用方面的主要评价内容包括：审查

并整改伪造材料虚报、冒领或套取养老保险基金的数额；养老保险个人账户基金管理不规范的数额；被审计单位私设"小金库"擅自隐瞒、挪用、转移、延压或截留养老保险基金的数额；养老保险基金利息收入或投资运营收益未按照规定要求计入养老保险收入账户的数额；养老保险基金未按照规定实行财政专户管理的数额；养老保险基金违规投资运营的数额；养老保险调剂金管理不规范的数额等。

此外，根据货币化审计成果的评价内容可以计算出反映养老保险基金联网审计绩效的其他相关指标。例如，养老保险基金联网审计的人均审计成果、查错纠弊比率等。其中，养老保险基金联网审计的人均审计成果 = 货币化审计成果总额/在职审计人员总人数；养老保险基金联网审计的查错纠弊比率 =（审查出的问题资金总额/被审计的实际资金总额）×100%。问题资金主要是指由于被审计单位对养老保险政策制度执行不到位、养老保险基金监管不力或违规违纪等原因所造成的养老保险基金损失。例如，骗取、冒领和违规支付的养老退休金、挪用或截留的养老保险基金、违规投资运营的养老保险基金等均属于养老保险问题资金。

（2）非货币化审计成果。基于审计成果能否被数量化的标准进行分析，可以从能够采用数量化指标衡量和不能够采用数量化指标衡量两个方面分析评价养老保险基金联网审计的非货币化审计成果。这实质上是从审计效率、审计数量和审计效果的维度分析和评价养老保险基金联网审计结果的效率性与效果性。

一是能够采用数量化指标衡量的非货币化审计成果。可以从审计效率和审计数量的维度分析评价此类审计成果，其主要评价内容包括：在一定时期内，审计机关实际完成的养老保险基金联网审计项目数量；审计机关提出的养老保险基金联网审计建议和审计整改措施数量；被审计单位实际采纳审计建议的数量；督促被审计单位落实审计整改措施的数量；审计机关推动被审计单位制定审计整改方案的数量。例如，规范养老保险基金业务经办程序、建立健全养老保险基金监管制度或完善内部控制措施的数量；向社会公开披露养老保险基金联网审计结果公告的数量；向上级主管部门提交养老保险基金联网审计方面的综合审计报告、审计调研分析报告、审计考察报告和专项审计报告等各类审计报告的数量；上级主管部门实际采纳审计建议或审计报告的数量；审查出养老保险基金违规违纪或重大违法事项并移送纪检、司法等相关部门查处的案件和涉案线索数量等。

此外，根据数量化衡量指标可以直接计算出养老保险基金联网审计其他相关的绩效评价指标。例如，养老保险基金联网审计项目完成比率 =（审计机关实际完成的审计项目数量/计划完成的审计项目数量）×100%、养老保险基金联网审计建议采纳比率 =（被审计单位或上级主管部门采纳审计建议的数量/审计机关提出审计建议的数量）×100%、养老保险基金联网审计整改落实比率 =（被审计单位落实审计整改措施的数量/审计机关提出审计整改措施的数量）×100%。

二是不能够采用数量化指标衡量的非货币化审计成果。本书将主要从审计效果的维度分析评价此类审计成果，这实质上充分体现了审计机关开展养老保险基金联网审计所取得的无形绩效。尽管这种无形绩效无法被货币化和数量化，但在推动养老保险基金审计信息化建设、提升养老保险基金审计监管效能、促进国民经济发展和保障民生利益等各方面均发挥着重大的作用。为此，一方面，可以从审计效果的维度设计养老保险基金联网审计定性评价指标，主要评价内容包括：被审计单位对养老保险基金联网审计结果是否满意；审计机关提出的相关审计建议和整改措施是否有利于推动被审计单位完善养老保险基金监管制度；联网审计是否提高了养老保险基金审计监管效能；审计机关是否及时出具了养老保险基金联网审计报告等。另一方面，基于定性角度分析，本书认为还可以从如下四个方面综合分析评价审计机关在养老保险基金联网审计中取得的无形绩效：

其一，养老保险基金联网审计有力地促进了养老保险基金财务收支审计与养老保险基金业务审计之间相互衔接。审计机关通过将养老保险基金审计视野从财务层面延伸拓展到业务层面，能够深入审查养老保险参保单位与参保个人的缴费情况、养老保险待遇发放、养老保险基金管理使用以及养老保险基金投资运营情况等，从而有助于及时发现、揭露并处置养老保险基金监管中存在的风险隐患。

其二，养老保险基金联网审计有力地促进了养老保险基金财务收支审计与养老保险政策制度落实跟踪审计之间相互衔接。审计机关通过持续开展养老保险基金重大政策制度落实跟踪审计，能够有效地督促养老保险重大决策部署的贯彻落实情况与责任追究，及时发现养老保险政策漏洞与制度运行中存在的主要缺陷，从而有助于推动养老保险政策制度完善以及养老保障体制机制深化改革和创新。

其三，养老保险基金联网审计有力地促进了养老保险基金财务收支审计与养老保险基金预算执行审计之间相互衔接。审计机关通过养老保险基金预算执行情况审计，能够从总体上理清养老保险基金收支预算的投入规模以及基金预算的执行效果、养老保险基金收支、结余的结构、养老保险基金的增量与存量、养老保险基金预决算工作效率等情况，从而有助于提升养老保险基金预算管理效率。

其四，养老保险基金联网审计有力地促进了养老保险基金财务收支审计与养老保险基金绩效审计之间相互衔接。审计机关在审计养老保险基金财务收支的合法性、合规性和真实性基础上，通过分析评价养老保险基金征缴收入产生的社会效益和经济效益、养老保险基金支出使用效率、养老保险基金管理效益和养老保险政策制度实施效果等，能够推动养老保险基金财务收支审计与养老保险基金绩效审计之间充分融合，从而有助于提高养老保险基金使用效率和审计监管效能。

2. 养老保险基金联网审计成本方面的评价内容设计

养老保险基金联网审计成本评价主要是指分析评价审计机关为实施养老保险基金联网审计所发生的各项成本性支出。基于养老保险基金联网审计成本的发生频率进行分析，本书将主要从一次性成本支出和经常性成本支出两个层面分析评价养老保险基金联网审计的成本性支出。审计成本的具体评价内容如下：

（1）一次性成本支出。一次性成本支出的主要评价内容包括审计机关开展养老保险基金联网审计所发生的基础设施初始购置成本及其安装调试费支出、相关的办公耗材支出、计算机联网审计应用软件初始开发支出、计算机联网审计系统初始建设支出、计算机网络通信线路开通与测试费支出、审计人员、数据管理员和网络通信技术员等各类人员的岗前初始培训费以及考试认证方面的支出等。

（2）经常性成本支出。经常性成本支出主要是指审计机关在实施养老保险基金联网审计项目期间所发生的软件硬件设备、计算机服务器和联网审计数据库系统等基础设施运行维护、日常维修保养与风险监控等方面的成本性支出；审计人员的基本薪资、奖金补贴等人员经费支出以及按照法定标准所发生的养老保险基金联网审计办公费、会务费、培训费和行政差旅费等公用性经费支出；专项审计业务经费支出；宣传和发布养老保险基金联网审计结果公告以及审计绩效报告所发生的支出；人均联网审计培训费支出（财政拨款培训经费支出／参与审计培训总人数）；人均审计成本支出（财政拨款支出总额／在职审计人员总人数）等。

综上可知，根据审计机关开展养老保险基金联网审计所取得的货币化审计成果总额及其投入的审计成本总额（即财政拨款支出总额），可以计算出养老保险基金联网审计项目的投入产出比率这个重要指标，即养老保险基金联网审计项目的投入产出比率 =（货币化审计成果总额／财政拨款支出总额）×100%。

（二）养老保险基金联网审计绩效评价过程管理

本书从养老保险基金联网审计绩效评价数据库构建、养老保险基金联网审计绩效评价基本程序分析两方面探讨养老保险基金联网审计绩效评价过程管理。

1. 养老保险基金联网审计绩效评价数据库的构建

实施养老保险基金联网审计绩效评价需要构建审计绩效评价指标数据库、审计绩效评价标准数据库和审计绩效评价方法数据库三大数据库。

（1）养老保险基金联网审计绩效评价指标数据库。即为审计绩效评价指标库，其基本功能是为养老保险基金联网审计绩效评价提供基础性的指标数据来源。具体应当根据预先设计好的养老保险基金联网审计绩效评价内容构建审计绩效评价指标库，该指标库主要由审计成果评价指标和审计成本评价指标两层评价指标所组成。其中，审计成果评价指标包括货币化审计成果指标和非货币化审计成果指标；审计成本评价指标包括一次性成本支出指标和经常性成本支出指标。

（2）养老保险基金联网审计绩效评价标准数据库。即为审计绩效评价标准库，其基本功能是为养老保险基金联网审计绩效评价指标提供明确的衡量基准、界限或标度。审计绩效评价标准库的构建主要结合养老保险基金联网审计绩效评价指标的特性以及各个评价指标与评价标准之间的逻辑映射关系设定具体的审计绩效评价标准，即不同类型的审计绩效评价指标对应着不同分类的绩效评价标准，据此形成审计绩效评价标准库。例如，基于评价指标量化属性进行分析，可以将养老保险基金联网审计绩效评价标准设定为定量评价标准与定性评价标准。

（3）养老保险基金联网审计绩效评价方法数据库。即为审计绩效评价方法库，其基本功能是为养老保险基金联网审计绩效评价提供基础方法支撑。从数据库的逻辑结构进行分析，审计绩效评价方法库主要由基础层、应用层和匹配层三大层级所构成。其中，基础层是提供基础性、通用性的方法模块，例如关键绩效指标法（KPI）、成本效益分析法（CBA）、层次分析法（AHP）和数据包络分析法（DEA）等审计绩效评价方法模块；应用层主要提供与基础层的方法模块相匹配的程序式、方程式或算法式等各种数学模型；匹配层介于基础层和应用层之间，其基本功能是通过将基础层的方法模块与应用层的数学模型相互衔接，使绩效评价方法在实际应用中所需的各种指标计算、分析和数据加工处理程序的模型化。

2. 养老保险基金联网审计绩效评价基本程序分析

理论上，养老保险基金联网审计绩效评价的基本程序应当主要包括如下六大环节：建构养老保险基金联网审计绩效评价指标体系→确定养老保险基金联网审计绩效评价指标权重→出具养老保险基金联网审计绩效综合评价报告→养老保险基金联网审计绩效评价结果的反馈与整改→养老保险基金联网审计绩效评价结果的应用与公开→养老保险基金联网审计绩效评价结果的归档与管理。

（1）建构养老保险基金联网审计绩效评价指标体系。由审计绩效评价主体按照既定的绩效评价标准，直接通过养老保险基金联网审计绩效评价指标库中查询并输出符合目标需求的审计绩效评价指标，并从养老保险基金联网审计绩效评价方法库的基础层中选取合适的审计绩效评价方法模块，再结合养老保险基金联网审计绩效评价内容的设计，分别从审计效益、审计效率和审计效果三大维度建构一套完整的定量与定性相结合的养老保险基金联网审计绩效评价指标体系。

（2）确定养老保险基金联网审计绩效评价指标权重。对于定量评价指标而言，可以直接从养老保险基金联网审计绩效评价方法库应用层中调用与所选取的方法模块相匹配的数学模型，将评价标准与定量指标数据导入数学模型中，由数学模型实现指标权重测算。对于定性评价指标而言，需要在综合运用问卷调查、现场考察和相关单位领导专访等多种方式掌握养老保险基金联网审计的实际情况之后采用量化分值的评价标准获得养老保险基金联网审计的定性评价结果。

（3）出具养老保险基金联网审计绩效综合评价报告。审计机关首先从审计绩效评价方法库应用层中选取所需的数学模型，根据定量评价指标权重，将指标数据转化成具体得分；其次汇总定量评价指标得分与定性评价指标量化分值，获得审计绩效评价总得分，根据"优秀、良好、中等、合格、较差"的等级标准形成养老保险基金联网审计绩效评价结论；最后根据评价结论出具综合评价报告。

（4）养老保险基金联网审计绩效评价结果的反馈与整改。为充分发挥养老保险基金联网审计绩效评价结果对推进审计机关提高审计质量的作用，应当坚持审计绩效评价目标导向、问题导向与结果导向相结合的原则，通过建立健全审计绩效评价结果反馈与整改机制，一方面要及时向审计机关及其审计人员反馈绩效评价结果，另一方面要分析总结目标绩效与实际绩效之间的差异及差异产生原因，根据绩效评价中发现的问题提出解决方案，以提升审计机关工作绩效水平。

（5）养老保险基金联网审计绩效评价结果的应用与公开。推进养老保险基金联网审计绩效评价结果的应用与公开，应当强化如下三个方面的绩效评价机制建设：首先要强化养老保险基金联网审计绩效评价结果报告机制建设，以定期向相关部门报送养老保险基金联网审计绩效评价结果，从而为相关的政府部门提供决策参考；其次要强化养老保险基金联网审计绩效评价结果激励及问责机制建设，以激励养老保险基金联网审计绩效评价中表现较好的单位，并针对绩效评价中表现较差的单位建立审计绩效问责机制；最后要强化养老保险基金联网审计绩效评价结果公开机制建设，以使审计绩效评价结果接受社会公众监督，从而增强审计绩效评价结果的社会影响力和公信力，提高审计绩效评价结果的透明度。

（6）养老保险基金联网审计绩效评价结果的归档与管理。审计绩效评价是审计机关年度审计工作的终点又是一个新的起点，因此，审计绩效评价具有承上启下的作用。归档与管理审计绩效评价结果是一项重要程序。养老保险基金联网审计绩效评价结果的归档与管理内容主要包括：养老保险基金联网审计绩效评价指标体系以及养老保险基金联网审计绩效评价标准设置表、养老保险基金联网审计绩效评价过程记录表、问卷调查表和养老保险基金联网审计绩效评价综合得分表等各类表格资料，以及养老保险基金联网审计绩效综合评价报告及其相关附件资料、养老保险基金联网审计绩效评价结果的反馈与整改、养老保险基金联网审计绩效评价结果的应用与公开等各项绩效评价程序中所形成的相关资料与文件。

五　养老保险基金联网审计系统的安全监管层

养老保险基金联网审计系统安全监管层的基本功能是为养老保险基金联网审计系统的基础设施层、数据管理层、基础应用层和绩效评价层提供基础的安全保障策略，以防范和控制养老保险基金联网审计系统运行中存在的各种风险，进而保障整个养老保险基金联网审计系统安全有效的运行。本书将从养老保险基金联网审计系统的运行环境安全、养老保险基金联网审计系统的基础设施安全、养老保险基金联网审计系统的审计数据安全以及养老保险基金联网审计系统的整体风险监控四个方面探讨养老保险基金联网审计系统安全监管层的功能模块。

（一）养老保险基金联网审计系统的运行环境安全

养老保险基金联网审计系统能否安全有效地运行将直接关系到整个联网审计系统及其基础设施层、数据管理层、基础应用层和绩效评价层的应用安全。养老保险基金联网审计系统运行环境安全是审计机关开展养老保险基金联网审计的第一道安全防护门。计算机联网审计是以互联网为依托开展审计业务的审计模式，系统网络的安全性与畅通性是养老保险基金联网审计系统安全、有效运行的基础与前提。为此，确保网络安全是养老保险基金联网审计系统运行环境安全管理模块的一项重要功能。具体而言，本书从系统整体运行安全与系统网络安全两个层面探讨养老保险基金联网审计系统运行环境安全管理模块的基本功能。

1. 关于养老保险基金联网审计系统的整体运行安全

关于养老保险基金联网审计系统的整体运行安全，主要通过计算机联网审计系统操作日志监管、远程访问控制策略和系统运行异常情况排查等安全措施保障系统的整体运行安全。其中，系统操作日志监管是指对所有关于养老保险基金联网审计系统操作方面的记录以日志方式进行保存和管理；远程访问控制策略主要是指通过设置系统访问权限和身份验证等方式保障整个系统的远程访问安全；系统运行异常情况排查主要是指排查由于网络不通畅、计算机死机或病毒入侵系统等可能造成养老保险基金联网审计系统无法正常运行的一系列风险因素。

2. 关于养老保险基金联网审计系统的网络安全

关于养老保险基金联网审计系统的网络安全，本书提出综合运用网络隔离技术和网络安全监控技术对养老保险基金联网审计系统的网络安全进行保驾护航。同时，建立健全养老保险基金联网审计系统网络安全监管机制。其中，养老保险基金联网审计系统网络隔离技术主要用于隔离养老保险基金联网审计系统运行的内网与外网，以阻断内网与外网之间的相互连接，继而控制操作系统风险；养老保险基金联网审计系统网络安全监控技术主要涵盖防火墙技术、入侵检测技术和病毒防护技术，对这三大技术的综合应用有利于防止黑客、病毒入侵系统，从而能够有效保护养老保险基金联网审计系统的网络安全；养老保险基金联网审计系统网络安全监管机制的构建，不仅需要建立健全养老保险基金联网审计系统网络安全监管制度，明确网络安全管理员的工作职责，还需要不断增强网络安全管理员的网络风险意识和安全防范技能，通过定期组织养老保险基金联网审计系统网络安全技能培训，提高网络安全管理员的网络安全事故处理能力。此外，针对存储在审计机关审计数据中心的高频数据（主要指数据更新频率较快的实时性数据与动态性数据），可以构建动态自适应的计算机联网审计系统网络安全监管模型，使养老保险基金联网审计系统能够主动适应网络安全监管模型的动态性。

（二）养老保险基金联网审计系统的基础设施安全

为了确保养老保险基金联网审计系统基础设施层中各项基础设施的正常运行，增强养老保险基金联网审计系统基础设施层的可用性，必须强化养老保险基金联网审计系统基础设施安全监管，为操作系统、系统服务器与内存设备等相关的基础设施提供安全保障策略。具体而言，本书认为养老保险基金联网审计系统基础设施安全监管可以从如下两方面入手：一方面是加强养老保险基金联网审计系统用户访问监管。养老保险基金联网审计系统主要涉及的用户包括系统管理员、数据管理员、审计机关及其审计人员和被审计单位等。针对具体的用户类型以及用户的岗位职责设置养老保险基金联网审计系统访问权限，采用身份验证方式控制用户的系统访问权限。例如，采用 Kerberos 认证技术（一种可信的第三方认证协议）进行认证管理，可以同时为多个用户提供身份认证服务。同时，构建养老保险基金联网审计系统访问控制模型，采用自主访问控制（主要针对非保密性质的数据而言）和强制访问控制（针对具有保密性质的数据而言）两种安全控制方式对用户的访问行为进行监控，并根据不同的用户权限提供不同的系统访问服务。另一方面是构建养老保险基金联网审计系统基础设施安全监管体系。例如，采用虚拟技术分类管理不同型号的内存设备、采用防短路防静电技术确保计算机用电安全、采用服务器报警策略和访问控制策略提高系统服务器的稳定性。

（三）养老保险基金联网审计系统的审计数据安全

保障审计数据安全和完整是养老保险基金联网审计系统安全监管层最核心的功能。为了防止养老保险基金联网审计数据在传输和存储过程中被不法分子肆意篡改或发生数据泄露、丢失，必须强化养老保险基金联网审计数据安全监管。本书探讨养老保险基金联网审计数据传输和数据存储两方面的安全监管策略。

1. 关于养老保险基金联网审计的数据传输安全

关于养老保险基金联网审计数据传输方面的安全监管策略，一方面可以借助虚拟专用网络技术（VPN）构建一个数据传输专用隧道，并在传输过程中采取加密技术对数据进行密钥管理，以保障养老保险基金联网审计数据传输安全。数据加密是保障数据安全最常用的一种技术，主要包括对称密钥加密（专用密钥加密）和非对称密钥加密两种类型。其中，对称密钥加密是指采用相同的算法对数据进行加密与解密运算处理，常用的对称密钥加密算法主要包括MIT、DES、IDEA和FEAL；非对称密钥加密是指数据的加密密钥和解密密钥互不相同，数据加密和数据解密采用不同的加密算法，常用的非对称密钥加密算法是RSA。另一方面可以采用数据防泄漏控制技术（DLP）自动识别用户的数据访问权限，对数据的传输过程进行智能化监管和动态追踪或者在被审计单位数据库系统中安装一个单刀双掷网络开关，以防止数据在传输中被篡改或发生泄露、丢失的风险。

2. 关于养老保险基金联网审计的数据存储安全

关于养老保险基金联网审计数据存储方面的安全监管策略，本书研究认为，一方面可以建立健全联网审计数据备份机制，在数据存储之前选取合适的数据备份技术如采用 U 盘等备份介质或者安装 ZIP、Horodruin 和 RAR 等备份软件进行数据备份处理；另一方面审计机关可以专门聘请具有较强的独立性质和行政监督权力的第三方机构负责监管养老保险基金联网审计数据存储中的安全性。

另外，还需要从整体层面上强化养老保险基金联网审计数据安全监管机制建设，建立健全养老保险基金联网审计数据安全保障体系。养老保险基金联网审计数据安全保障体系的建设不仅有利于保障联网数据在采集、传输、存储和转换等各个环节中的安全性，还有利于为保障养老保险基金联网审计系统安全有效地运行提供强有力的支撑。为此，本书研究认为，养老保险基金联网审计数据安全保障体系建设需要做好如下两个方面的工作：一方面是需要制定养老保险基金联网审计数据风险应急预案，建立健全计算机联网审计数据的备份容错纠错、数据恢复和数据冗余监管机制，以强化审计人员和计算机联网审计系统管理人员处理突发事件的能力，同时需要定期对养老保险基金联网审计数据管理层中相关的服务器和数据库进行安全检测和风险评估，实时跟踪数据管理层中各个功能模块的运行状态，以及时发现并处置因网络故障、外界自然灾害或人为因素等造成的数据风险。另一方面是需要成立专门的养老保险基金联网审计数据安全监管小组，该小组不仅要全程负责养老保险基金联网审计数据安全监管制度、措施并宣传、推广和督促有关人员落实各项数据安全监管措施（例如养老保险基金联网审计数据安全监管标准和相关的制度规范等），还要负责为审计人员和系统管理人员定期开展相关的联网审计数据安全监管知识培训，以提高相关人员的数据安全保障能力与风险防范意识，同时还要定期组织养老保险基金联网审计数据风险评估，以防范养老保险基金联网审计数据传输、存储和转换等过程中存在的风险隐患。

（四）养老保险基金联网审计系统的整体风险监控

邓大松等（2008）研究认为，从宏观层面建立养老风险预警系统对养老风险进行科学预测，是防范我国养老风险的重要措施。确保养老保险基金的安全与完整是减少养老风险的重要措施，因此，在信息化时代探索构建养老保险基金联网审计风险预警系统，不仅有利于抵御计算机联网审计风险，还有利于防范养老风险。目前，国内外关于计算机联网审计风险控制方面的研究不少，但专门针对养老保险基金联网审计风险控制方面的研究文献却较缺乏，尤其关于养老保险基金联网审计风险监控模型建构方面的研究更为稀缺。然而，审计风险监控是养老保险基金联网审计系统总体架构安全监管层应当具备的一项关键功能。审计机关在开展养老保险基金联网审计业务中主要面临的整体风险包括计算机联网审计系统运行风险和审计数据管理风险。鉴于此，本书研究认为，可以从事前审计风险预警、事中审计风险管控和事后审计风险治理三个层面探索构建养老保险基金联网审计风险监控模型，这是审计机关应对养老保险基金联网审计系统整体风险的关键策略。如图4-12所示，审计机关能够通过事前审计风险预警、事中审计风险管控和事后审计风险治理"三位一体"养老保险基金联网审计风险监控模型，对养老保险基金联网审计系统整体风险进行实时预警、智能管控和有效治理。

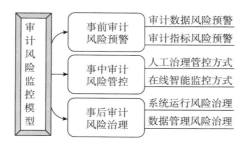

图 4 – 12　养老保险基金联网审计系统整体风险监控模型

1. 养老保险基金联网审计事前审计风险预警

审计机关实施养老保险基金审计的目标不仅是要发现养老保险基金监管中存在的问题和审查养老保险基金业务数据与财务数据舞弊，更是为了防范和预测养老保险基金监管中存在的风险隐患，提升养老保险基金审计监管效能。事前审计风险预警主要是指运用养老保险基金业务数据、财务数据和外部关联数据之间的关联结构和映射关系定义联网审计风险预警规则与条件，实现审计数据风险和审计指标风险预警，这体现了养老保险基金联网审计风险预警模型具有前瞻性。

（1）审计数据风险预警。养老保险基金大数据时代的到来，审计机关将面临养老保险基金数据集中管理而产生的审计数据风险，包括审计数据在采集、传输、存储和转换过程中产生的各种数据风险。因此，需要借助审计数据风险预警功能，根据数据之间的关联关系自动识别和报告审计数据采集、存储和转换过程中出现的异常情况，辅助审计人员实时处理数据风险预警信息，现场核查审计异常。当数据风险预警信息提示可能存在养老保险基金违规违纪嫌疑时，审计人员应当根据异常数据和审计疑点延伸审计查证范围，进一步跟踪落实审计疑点。

（2）审计指标风险预警。实现养老保险基金联网审计指标风险预警，需要以月份、季度或年度为时间维度，按照养老保险基金相关指标的性质与养老保险基金的业务类型设置审计指标风险预警维度（财务指标风险预警、业务指标风险预警），并以逻辑公式或数学函数的形式将养老保险基金资产负债率、养老保险基金征缴率、支付率、投资收益率、养老金替代率和养老金赡养率等审计指标导入审计风险预警模块中，根据养老保险基金的收支、结余规模和基金运行特征、养老保险相关政策规定以及审计指标之间的关联性设置风险预警区间。若指标数值超过预警区间，审计风险预警模块将发出警告信号，锁定风险指标和审计疑点。

2. 养老保险基金联网审计事中审计风险管控

大型审计项目以管控审计风险为侧重点，这有利于提升大数据审计质量（审计署兰州特派办理论研究会课题组，2015）。近些年，随着我国养老保障事业的迅速发展，养老保险基金大数据时代即将到来，充分利用计算机联网审计技术提升养老保险基金审计效率成为当前我国各级审计机关面临的一项重要任务。本书研究认为，事中审计风险管控是指通过"人工治理＋智能监控"相结合的风险管控方式，对养老保险基金联网审计事中审计风险进行管理和控制的动态过程。

（1）人工治理管控方式。养老保险基金联网审计是大数据审计模式的实践应用，提高审计机关的大数据审计风险甄别和风险治理能力尤为重要。人工治理管控方式是指审计人员运用审计经验和职业判断识别养老保险基金联网审计中的风险信息，并制定相应的养老保险基金联网审计风险治理方案，审时度势地采取适当的审计风险治理措施管控养老保险基金联网审计事中审计风险的过程。

（2）在线智能监控方式。智能监控方式主要是对养老保险基金联网审计风险预警过程中识别的各种风险采取认证和阻断策略，在线监测养老保险基金联网审计系统运行状态的过程。其中，认证是系统授权访问层面的事中审计风险管控策略，主要是指通过用户的系统访问权限管理，防止非授权用户进入系统窃取数据信息。阻断是系统运行层面的事中审计风险管控策略，主要是指通过用户操作日志的管理方式阻止黑客病毒攻击，借助防火墙和杀毒软件阻止黑客病毒入侵。

3. 养老保险基金联网审计事后审计风险治理

养老保险基金联网审计事后审计风险治理是指审计机关采取审计风险管理措施进行事后审计风险治理的过程。具体而言，审计机关需要重点治理和控制养老保险基金联网审计系统运行层面和审计数据管理层面两个层面上的审计风险。

（1）关于养老保险基金联网审计系统运行层面的风险治理。首先需要定期检测养老保险基金联网审计系统杀毒软件，升级优化各项数据库系统；其次需要组建一支高素养、专业化的养老保险基金联网审计系统运维人才队伍，专门负责整个养老保险基金联网审计系统的日常维护保养、审计风险监测和安全评估等工作；再次需要强化养老保险基金联网审计政策制度建设，规范养老保险基金联网审计系统的标准化操作流程；最后需要加强与养老保险基金监管部门等相关部门的业务沟通，及时发现并修补养老保险基金联网审计系统运行中存在的安全漏洞，完善系统运行安全保障机制，优化升级养老保险基金联网审计系统运行程序。

（2）关于养老保险基金联网审计数据管理层面的风险治理。首先需要建立健全标准化的电子数据管理体系与审计流程，统一进行电子数据编码，规范原始数据集成体系，确保数据管理口径一致；

其次需要建立专门的养老保险基金联网审计数据备份区域，主要包括本地数据备份和异地数据远程备份，以规范养老保险基金联网审计数据备份、数据采集、数据传输和数据存储程序；最后需要强化养老保险基金联网审计数据安全和保密管理，通过与被审计单位签订数据保密协议和审计承诺，提高数据管理层面风险治理效率，确保被审计单位提供有效数据。

本章小结

本章是本书研究的主体内容，主要包括两个章节：（1）第一节为养老保险基金联网审计系统建构需求分析。本节一方面从养老保险基金联网审计系统建构的制度保障、外部条件和客观需求三个方面分析了养老保险基金联网审计系统建构的现实依据，另一方面基于数据性质、数据类型和数据来源三个角度分析了养老保险基金联网审计系统建构的数据需求。由此说明，现阶段本书基于审计信息化背景探究养老保险基金联网审计系统建构问题具有很好的理论依据和现实可行性。（2）第二节为养老保险基金联网审计系统总体架构设计。本节主要从基础设施层、数据管理层、基础应用层、绩效评价层和安全监管层五个层面系统深入地探究了养老保险基金联网审计系统总体架构设计及其主要功能模块。其中，养老保险基金联网审计系统基础设施层主要涵盖硬件系统设施和软件系统设施两个部分。养老保险基金联网审计系统数据管理层主要涵盖审计数据采集、审计数据存储、审计数据转换以及审计数据交换四大功能模块。养老保险基金联网审计系统基础应用层主要涵盖审计数据挖掘、审计数据分析、审计数据应用以及审计成果管理四大功能模块。在养老保险基金联网审计系统基础应用层中，本书基于现有研究，提出了养老保险基金联网审计数据挖掘的基本程序与思路，探讨了养老保险基金联网审计数据分析的基本步骤。养老保险基金联网审计系统绩效评价层主要涵盖养老保险基金联网审计绩效评价内容设计和养老保险基金联网审计绩效评价过程管理两大功能模块，将审计绩效评价功能纳入养老保险基金联网审计系统总体架构设计中是本书的重要特色之一，这不仅符合党的十九大报告提出的"全面实施绩效管理"这一政策要求，还有助于补充现有文献的研究不足。养老保险基金联网审计系统安全监管层主要涵盖系统运行环境安全、基础设施安全、审计数据安全以及系统整体风险监控四大功能模块。此外，关于养老保险基金联网审计系统安全监管层中的功能模块设计，本书提出构建了由事前审计风险预警、事中审计风险管控和事后审计风险治理所构成的"三位一体"养老保险基金联网审计整体风险监控理论模型，拓展了养老保险基金联网审计风险控制方面的研究文献。综上可知，本章基于现有研究，从理论上提出了养老保险基金联网审计系统总体架构的设计思路，并详细分析了每层系统架构的基本功能模块及其包含的主要内容与理论模型，这不仅有利于丰富审计信息化背景下我国养老保险基金联网审计系统建构方面的研究文献，还有利于为审计机关开展养老保险基金联网审计实践提供理论参考与借鉴，从而有利于推动养老保险基金联网审计实践进程，进一步完善养老保险基金联网审计技术与审计方法体系。同时，随着养老保险基金联网审计的全面开展与纵深推进，有必要在养老保险基金联网审计过程中推行全面风险监管，构建养老保险基金联网审计全面风险监管体系。

第五章　养老保险基金联网审计
实现流程与效果评估

前一章内容基于养老保险基金联网审计的基本原理与主要特征深入地研究了养老保险基金联网审计系统的总体架构设计及其功能模块。然而，审计机关开展养老保险基金联网审计的基本流程包括哪些？养老保险基金联网审计项目的实施效果如何评估？这是需要进一步探讨的问题。本章将对养老保险基金联网审计的实现流程（审计程序与审计思路）及其效果评估展开分析。

第一节　养老保险基金联网审计的实现流程

养老保险基金联网审计的实现流程是其审计程序和审计思路的具体化。根据养老保险基金联网审计的基本原理可知，审计机关利用养老保险基金联网审计系统开展养老保险基金业务审计的基本思路与实现流程主要包括：第一，审计机关需要确立养老保险基金联网审计的总体目标和养老保险基金联网审计数据需求，据此详细开展养老保险基金联网审计前期调查工作；第二，审计机关向被审计单位下达养老保险基金联网审计通知书和审计数据采集申请，在申请书中需要详细说明养老保险基金联网审计数据采集范围，并结合养老保险基金联网审计的总体目标和审计数据需求进行养老保险基金联网审计数据采集、存储与转换等相关业务，以获取目标审计数据（原始数据）；第三，通过数据挖掘建模和构建审计中间表等方式对目标审计数据进行深度挖掘和数据分析，以锁定养老保险基金联网审计疑点与审计重点；第四，根据养老保险基金联网审计疑点与审计重点展开进一步的审计延伸、落实与查证工作，并综合根据审计查证、审计证据分析结果和审计职业判断做出审计决定，提出审计意见和审计问题整改措施，出具养老保险基金联网审计报告；最后，将养老保险基金联网审计过程中形成的审计工作底稿和各类审计报告等相关审计资料进行归档保存，并组织审计人员定期开展养老保险基金联网审计工作绩效评价以及养老保险基金联网审计成果应用、成果分析与成果评价工作。如图 5-1 所示，本书将从养老保险基金联网审计计划阶段、实施阶段和终结阶段三个基本阶段详细地探讨养老保险基金联网审计的实现流程。

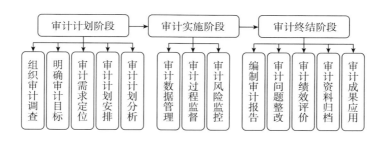

图 5-1 养老保险基金联网审计的实现流程

一 养老保险基金联网审计计划阶段

审计计划是审计机关开展养老保险基金联网审计的准备性工作。

具体而言，审计机关在养老保险基金联网审计计划阶段需要重点做好三方面的基础工作：

（一）做好养老保险基金联网审计前期调查

在养老保险基金联网审计前期调查方面，需要设计养老保险基金联网审计项目调查报告，组建专门的联网审计调查小组开展养老保险基金联网审计前期调查工作，以充分了解被审计单位的内部控制环境、熟悉养老保险基金业务经办程序、养老保险基金数据库管理系统以及养老保险基金各类数据存储方式等，据此确定养老保险基金联网审计的总体审计目标和具体审计方案。养老保险基金联网审计前期调查环节十分关键，审计机关需要向被审计单位提前下发养老保险基金联网审计数据采集要求说明书，并在数据采集说明书中明确指定目标审计数据采集的系统名称、数据库名称、数据表名称、数据采集具体方式、数据传输的格式、所需数据的时间与范围、数据交付方式、数据交付期限和其他注意事项等相关内容。

（二）明确养老保险基金联网审计的主体内容

关于养老保险基金联网审计的主体内容，审计机关需要在前期调查的基础上，结合养老保险基金联网审计的数据采集需求确定具体的联网审计内容和审计数据采集范围，并根据养老保险基金联网审计的总体目标制定总体审计策略，同时逐步细化总体审计目标。例如，具体采用审计数据规划与审计问题假设方式将总体审计目标转换成养老保险基金联网审计系统能够识别和操作的数据表形式，据此确定具体的养老保险基金联网审计时间、审计范围和审计重点等主体内容。

（三）制定养老保险基金联网审计的具体实施方案

关于养老保险基金联网审计具体实施方案的制定，审计机关需要结合养老保险基金联网审计的总体审计策略提出详细的联网审计实施方案，并详细制定养老保险基金资产负债表等财务报表重大错报风险审计评估程序，根据财务报表重大错报风险的评估结果制定进一步的联网审计程序，同时还需要明确被审计单位的信息系统审计、内部控制测试和实质性分析程序等重要环节的关键审计事项。

针对某个具体的养老保险基金联网审计项目，审计机关在审计计划阶段需要把握的主要审计事项包括养老保险基金联网审计需求定位、联网审计计划安排和联网审计计划分析。其中，养老保险基金联网审计需求定位主要包括养老保险基金联网审计业务需求和养老保险基金联网审计目标需求的定位，即审计机关需要根据养老保险基金的业务种类定位养老保险基金联网审计业务需求，根据养老保险基金联网审计的具体内容定位养老保险基金联网审计目标需求，并根据养老保险基金联网审计业务需求和养老保险基金联网审计目标需求定位养老保险基金联网审计数据采集范围，制定养老保险基金联网审计项目的总体审计策略和具体审计方案。养老保险基金联网审计计划安排主要是指对审计机关开展养老保险基金联网审计项目所需的审计人员、审计经费和审计时间等各项人、财、物资源进行统筹配置和管理的过程，并做好养老保险基金联网审计前期调研、资料收集和养老保险基金联网审计通知书制作与发放等审计计划工作。养老保险基金联网审计计划分析是指对各项养老保险基金联网审计中的人、财、物等资源计划安排的合理性与有效性进行分析和检查，以避免审计资源重复安排等不当现象的产生。

二　养老保险基金联网审计实施阶段

养老保险基金联网审计实施阶段是审计机关通过养老保险基金联网审计的数据管理层获取原始数据（目标审计数据），运用基础应用层开展审计数据挖掘和数据分析，以发现审计线索，搜集审计证据，落实审计疑点，形成审计结论，继而实现养老保险基金联网审计总体目标的过程。具体的审计程序主要包括以信息系统审计为主的内部控制测试和以电子数据审计（关键是养老保险基金联网审计的数据采集、数据存储和数据转换等业务环节）为主的实质性测试两大环节。

（一）被审计单位的内部控制测试

对被审计单位进行内部控制测试主要是指对被审计单位的养老保险基金数据库管理系统进行控制测试与安全评估。具体而言，审计机关一方面需要通过测试和评估养老保险基金业务经办管理系统和养老保险基金财务会计核算系统的运行环境、功能状况和安全性能等，以督促被审计单位积极完善养老保险基金数据管理系统，不断优化养老保险基金业务经办管理流程和财务会计核算程序；另一方面需要通过审查养老保险基金业务经办和财务会计核算的具体流程，以规范养老保险基金业务经办流程，强化养老保险基金业务监管和财务会计核算监督。

（二）被审计单位的实质性测试

对被审计单位进行实质性测试主要是指审计机关通过审查和分析养老保险基金资产负债表、年度财政财务收支表等财务报表以及养老保险基金预算执行报表等相关报表，重点评估被审计单位的财务报表重大错报风险的过程。实质性测试的主要实现方式是电子数据审计，具体审计方法主要涵盖重新计算财务指标；重新执行财务会计业务核算程序；对财务数据之间、财务数据与业务数据之间执行审计分析程序，例如财务指标分析、财务比率分析、财务趋势分析、环比分析、结构分析和差异分析等；追踪财务会计交易过程，例如穿行测试和跟踪审计等。

以养老保险基金预算支出执行审计为例，实质性测试的主要审计程序包括：首先，以养老保险基金部门预算执行审计为主线，通过养老保险基金联网审计数据管理层采集养老保险基金支出项目的预算执行指标，运用财务指标分析法对预算执行指标进行重新计算和指标分析。其次，对财政国库中心集中拨付的养老保险基金预算支出明细进行穿行测试和跟踪审计，对于大额款项业务需要追踪到具体的拨付项目和资金流向，并重点审查养老保险基金的零预算支出指标、预算支出执行率过低或过高等异常支出指标。最后，将追踪审计核实的养老保险基金实际拨付数额与重新计算的预算支出执行指标进行比对分析，将预算支出的实际执行数与养老保险基金预算支出报表所披露的实际支出数额相互对接，若对接不上或数额相差悬殊，则说明存在养老保险基金预算支出执行违纪违规问题，审计机关需要进一步开展审计延伸、落实和审计查证程序。此外，运用养老保险基金联网审计系统风险监控模型对实质性测试的所有程序进行事前审计风险预警、事中审计风险管控与事后审计风险治理，通过事前、事中与事后"三位一体"的联网审计风险监控模型保障养老保险基金联网审计系统运行安全和数据安全。

以重复领取养老退休金业务经办流程审计为例，实质性测试的主要审计程序包括：首先，从养老保险基金联网审计系统的数据管理层中调用与养老退休金相关的内部数据（主要是养老保险基金业务数据和财务数据，例如养老保险缴费业务数据、养老保险待遇支付数据等）；其次，以财政局、医疗保险局和就业局等相关部门的外部关联数据为突破口，借助养老保险基金联网审计数据挖掘模型，对来自不同经办机构的养老保险缴费数据、养老保险待遇支付数据等内部数据与外部关联数据进行深度挖掘和关联比对分析，并通过审计数据分析模型对养老保险缴费、养老保险待遇支付相关的业务数据与财务数据进行逐一比对，在稽核无误的基础上进一步开展多维数据分析和可视化分析，以检测异常数据，锁定审计疑点；最后，针对异常数据和审计疑点开展审计取证和查账程序，进一步核查养老保险待遇享受申报、审批程序以及养老保险待遇支付业务经办与财务会计核算等方面可能存在的问题，从而揭示重复领取养老退休金问题，据此提出相应的审计整改建议和具体措施，跟踪和督促被审计单位按期落实审计整改措施。

　　针对某个具体的养老保险基金联网审计项目，审计机关在项目实施阶段需要把握的主要审计事项包括养老保险基金联网审计数据管理、审计项目过程监督和审计项目风险监控。其中，审计数据管理是养老保险基金联网审计项目实施阶段的重点环节，是审计机关根据养老保险基金联网审计需求开展联网审计数据采集、数据存储、数据转换和数据分析的过程。审计项目过程监督是对整个养老保险基金联网审计项目的实施过程进行监管，主要包括养老保险基金联网审计项目流程监管、养老保险基金联网审计项目进度跟踪、养老保险基金联网审计项目质量评价、养老保险基金联网审计项目成本预算、成本管理和成本控制以及养老保险基金联网审计绩效管理等。审计项目风险监控贯穿于整个养老保险基金联网审计项目实施阶段的所有审计程序，主要目标在于保障养老保险基金联网审计系统的基础设施层、数据管理层、基础应用层和绩效评价层安全、有效地发挥作用。

三　养老保险基金联网审计终结阶段

　　养老保险基金联网审计终结阶段的重点事项主要包括编制养老

保险基金联网审计报告、养老保险基金联网审计问题整改、养老保险基金联网审计绩效评价、归档养老保险基金联网审计资料和组织开展养老保险基金联网审计成果应用等。

（一）编制养老保险基金联网审计综合报告

根据养老保险基金联网审计实施阶段所执行的各项审计程序和审计工作底稿编制养老保险基金联网审计综合报告，客观、公正地报告养老保险基金财政财务收支情况，并实事求是地表达审计机关在养老保险基金联网审计中所取得的主要成效、发现并揭示的重大问题以及提出的审计意见和审计整改措施等情况。

（二）建立养老保险基金联网审计整改清单

根据养老保险基金联网审计意见、审查出的重大问题和相关的审计整改措施建立审计问题整改清单，向被审计单位发出养老保险基金联网审计问题整改通知书，并及时跟踪和督促被审计单位的问题整改效果，直到审计问题整改落地。

（三）开展养老保险基金联网审计绩效评价

养老保险基金联网审计绩效评价工作既是审计机关年度审计工作的终点又是一个新的起点。审计机关应当采取科学合理的审计绩效评价方法开展养老保险基金联网审计绩效评价，以总结和评估养老保险基金联网审计取得的工作绩效。

（四）归档保存养老保险基金联网审计资料

将养老保险基金联网审计过程中形成的各类审计报告、审计工作底稿和审计项目文档、材料等相关的审计资料装订成册，并根据具体的审计项目类型进行分类归档和保存。尤其对于重大审计项目的资料应当进行备份保管和加密处理后统一存入养老保险基金联网审计成果管理模型的审计成果库中，以便后续的查阅。

（五）组织养老保险基金联网审计成果应用

审计机关在养老保险基金联网审计成果应用方面需要做好两点：一方面是要建立养老保险基金联网审计成果库，例如养老保险基金联网审计知识库、审计经验方法库和审计政策法规库等，以增强养老保险基金联网审计成果的应用价值；另一方面是要通过公开渠道及时报告事关经济发展和民生利益的养老保险基金联网审计相关成果，着力扩大养老保险基金联网审计成果的影响力和应用范围。

第二节　养老保险基金联网审计的效果评估

养老保险基金联网审计效果评估与养老保险基金联网审计系统建构问题息息相关。目前，国内针对养老保险基金联网审计效果评估方面的研究成果比较缺乏，如何评估和度量养老保险基金联网审计成本及其效益值得探讨。本书将基于"成本—效益"视角对养老保险基金联网审计效果的评估指标与方法进行分析。

一　养老保险基金联网审计效果评估指标分析

如表 5-1 所示，以养老保险基金联网审计效果（Audit Effect）为评估目标，以养老保险基金联网审计的审计成本和审计效益为评估对象，基于"成本—效益"分析视角，主要从养老保险基金联网审计成本和审计效益两个方面探索构建一个涵盖定量指标与定性指标相结合的养老保险基金联网审计效果评估指标体系。

表 5 - 1　　　　　　　养老保险基金联网审计效果评估指标体系

评估目标	评估对象	评估要素
养老保险基金联网审计效果评估	养老保险基金联网审计成本（一次性审计成本）（经常性审计成本）	①联网审计系统基础设施采购费和安装调试费 ②网络通信线路开通费 ③通信流量费和宽带费 ④各类联网审计人员的岗前培训费 ⑤软件硬件设备日常维护和保养费 ⑥系统服务器日常维护费和保养费 ⑦各类数据库系统日常维护费和保养费 ⑧审计风险预警与监测成本 ⑨审计风险防范与治理成本 ⑩审计风险控制与评估成本 ……
	养老保险基金联网审计效益（有形审计效益）（无形审计效益）	①审计时间节约量 ②审计人员基本工资（加班费等）节约量 ③审计人员差旅费和培训费节约量 ④审计项目场地租赁费节约量 ⑤审计计划执行率（审计项目实际完成数/审计项目计划完成数）×100% ⑥审计查错纠弊比率（审计查出的问题资金总额/实际被审计的资金总额）×100% ⑦审计监管效率的提高程度 ⑧审计报告质量的提高程度 ⑨审计效益的增加值（社会效益、经济效益） ……

资料来源：作者整理绘制。

（一）关于养老保险基金联网审计成本分析

养老保险基金联网审计成本的分析可以按照审计成本发生的频率进行分类，该分类主要包括一次性审计成本和经常性审计成本两个方面。其中，一次性审计成本主要包括养老保险基金联网审计系统的基础设施采购费和安装调试费，养老保险基金联网审计系统网络通信线路开通费、通信流量费和宽带费等网络成本费用以及相关的管理人员、专业技术人员等各类联网审计人员的岗前培训费等。经常性审计成本是指在养老保险基金联网审计系统生命周期内所发生的软件硬件设备、审计系统服务器和各类数据库等基础设施的日常维护、保养、审计风险预警监测、风险防范治理、风险控制与评估等各方面产生的成本。

（二）关于养老保险基金联网审计效益分析

养老保险基金联网审计效益的分析可以按照审计效益能否在短期内实现量化的基本标准进行分类，该分类主要包括有形的审计效益和无形的审计效益两个方面。其中，养老保险基金联网审计的有形审计效益是指在短期内能够通过货币计量和数学计量等方式形成定量评估指标的直接性效益，例如计算机联网审计成本节约量，主要包括审计耗用工时等审计时间节约量（以小时为单位）以及人员工资、加班费、场地租赁费、差旅费和培训费等审计经费节约量（以元为单位）。养老保险基金联网审计无形审计效益是指难以直接进行量化的隐性效益，主要包括养老保险基金审计监管效率和审计报告质量的提高以及审计效益的增加值，例如养老保险基金联网审计所产生的社会效益和经济效益等。

二　养老保险基金联网审计效果评估方法探讨

根据现代财务分析理论，如果某个项目的投入与产出之间关系呈负相关，则说明该项目不具有经济可行性，即该项目不存在投资价值。因此，从定量的评估角度分析，当养老保险基金联网审计项目的审计成本小于养老保险基金联网审计项目的审计效益时，说明该项目才具有经济可行性。在单独考虑养老保险基金联网审计成本及其有形审计效益评估指标的条件下，可以采用"成本—效益"法测算养老保险基金联网审计项目的净现值 NPV，然后根据其净现值的大小评估养老保险基金联网审计效果及其经济可行性。其中，养老保险基金联网审计项目的净现值 NPV 等于养老保险基金联网审计项目有形审计效益的现值总和减去养老保险基金联网审计项目审计成本的现值总和。净现值 NPV 的具体计算公式如下：

$$NPV = AE - AC = \sum_{t=1}^{n} \frac{R_t}{(1+r)^t} - \sum_{t=1}^{n} \frac{C_t}{(1+r)^t}$$

在上述公式中，R、C、r、n、t 分别表示养老保险基金联网审计项目的有形审计效益、审计成本、贴现率、寿命周期、第几期寿命（单位为年）；NPV 表示养老保险基金联网审计项目的净现值；AE（Audit Effectiveness）表示第 t 期（年）内各项养老保险基金联网审计项目有形审计效益的现值总和；AC（Audit Cost）表示第 t 期（年）内各项养老保险基金联网审计项目审计成本的现值总和。其中，养老保险基金联网审计项目净现值 NPV 的数值越大，则表明养老保险基金联网审计效果越好。如果养老保险基金联网审计项目净现值 NPV 大于零，则表明养老保险基金联网审计项目具有经济可行性（审计项目具有投资价值），即养老保险基金联网审计效果良好；反之，则表明养老保险基金联网审计项目在经济上不可行，即养老保险基金联网审计效果不好。对于同一个养老保险基金联网审计项目的不同审计方案，通常应当选择项目净现值 NPV 指标数值最大的审计方案。

当然，养老保险基金联网审计项目的无形审计效益也很重要，但由于无形审计效益难以进行精确地度量，审计效益容易被高估或被低估，进而会影响审计机关决策。因此，养老保险基金联网审计效果无法实现完全的定量评估。为提高养老保险基金联网审计效果评估的准确性，探索定性与定量相结合的评估方法至关重要。例如，层次分析法（AHP）是一种定性与定量相结合的评估方法，可以通过该方法构建判断矩阵，计算养老保险基金联网审计效果评估指标的权重系数，据此建立多层次评估模型，对养老保险基金联网审计效果进行多层次分析。

总之，养老保险基金联网审计的效果评估是一个动态循环的长期过程，需要根据我国养老保险基金联网审计的实践发展状况不断改进和修正评估方法，且由于一些难以量化的审计效果评估指标存在长期效益问题，因而增加了审计效果评估难度。同时，"成本—效益"法并不是养老保险基金联网审计效果的最优评估方法，该方法的主要缺陷在于无法评估养老保险基金联网审计项目的无形审计效益。为此，进一步探索运用层次分析法（AHP）、模糊综合评价法（FCE）、关键绩效指标法（KPI）以及这些方法之间的相互结合使用，构建养老保险基金联网审计效果动态评估模型，对养老保险基金联网审计项目的经济可行性和审计项目实施效果进行动态评估和定量分析，具有重要的理论意义和实践价值。关于养老保险基金联网审计效果定量评估方法的具体选择及其应用路径有待于通过审计实践获得进一步检验和完善，也是本书在后续研究中拟重点探讨的问题之一。

此外，当前我国的养老保险基金联网审计尚缺乏一套完整的养老保险基金联网审计政策规范和实施标准，影响着养老保险基金联网审计效果评估工作。为此，推进现阶段我国养老保险基金联网审计的应用与实践，当务之急是需要政府相关部门加快出台专门的养老保险基金联网审计政策法规，并完善相应的配套措施和养老保险基金联网审计操作指南，统一制定养老保险基金联网审计实施标准。例如，制定统一的养老保险基金联网审计安全认证标准、养老保险基金联网审计数据管理标准（包括养老保险基金联网审计数据采集、数据传输、数据存储、数据备份和数据转换标准)、养老保险基金联网审计数据接口标准、养老保险基金联网审计风险控制标准和养老保险基金联网审计系统评估标准等。

本章小结

　　本章内容包括两节，分别围绕养老保险基金联网审计的实现流程与养老保险基金联网审计的效果评估两大问题展开了相关研究：(1) 第一节为养老保险基金联网审计的实现流程。本节主要从养老保险基金联网审计计划阶段、养老保险基金联网审计实施阶段和养老保险基金联网审计终结阶段三个阶段详细地探讨了审计机关开展养老保险基金联网审计项目的审计程序与思路。(2) 第二节为养老保险基金联网审计的效果评估。本节主要从审计成本和审计效益两个方面分析了养老保险基金联网审计效果评估指标，并探讨了基于净现值 NPV 的养老保险基金联网审计项目经济可行性评估。综上可知，本章内容的研究为当前和未来养老保险基金联网审计项目实施效果评估方面的研究提供了一定参考。值得注意的是，如何有效评估养老保险基金联网审计项目实施效果成为政府相关部门决策者十分重视的问题，也是各级审计机关开展养老保险基金联网审计实践必然遇到的现实问题。然而，目前我国尚缺乏养老保险基金联网审计项目实施效果动态评估方法体系和相应的评估标准，这有待未来进一步深化研究。例如，构建养老保险基金联网审计效果评估模型，通过评估模型对养老保险基金联网审计项目实施效果展开动态评估和预测，以兼顾审计项目已实现的效果及其预期效果。

第六章　研究总结

第一节　研究结论与研究启示

一　研究结论

随着信息化技术与联网技术的迅速发展，养老保险基金审计面临着计算机技术的严峻挑战。建立健全计算机联网审计系统，对养老保险基金进行实时审计、动态审计和全覆盖审计，是审计信息化时代我国各级审计机关正在努力实现的重要目标。本书通过对各章节研究内容展开深入探究，得出了如下四点研究结论：

1. 计算机联网审计能够有效拓展养老保险基金审计的内容与范围

外部审计环境和审计方式的变化必然要求审计内容与审计范围发生相应的变化。在信息化审计环境下，养老保险基金联网审计的具体内容与范围发生了重大变化。在传统审计方式下，养老保险基金审计的主要内容与范围是养老保险基金征缴、支付和管理三大基础性业务环节审计。然而，在计算机联网审计方式下，养老保险基金审计的主要内容与范围进一步拓展，审计机关可以在养老保险基金征缴、支付和管理三大基础性业务环节审计的基础上，更加突出参保者的地位及其权益保护的重要性，还可以开展养老保险基金重大政策落实跟踪审计、养老保险基金预算执行情况审计以及养老保险基金管理绩效评估审计。这意味着审计机关通过计算机联网审计方式不仅能够高效率地完成养老保险基金财务收支的安全性审计，从而保障养老保险基金的安全性和完整性，还能够对养老保险基金的使用效益和管理绩效进行审计，从而提高养老保险基金的使用效益和管理绩效。

2. 计算机联网审计系统是提高养老保险基金审计效率的有力保障

信息化技术与联网技术的迅速发展、养老保险基金规模的日益壮大以及人口老龄化压力的逐年增加，这些因素都要求提高养老保险基金审计监管效率。在审计信息化时代，手工账本审计、现场审计和计算机辅助审计根本无法保障规模日趋壮大的养老保险基金安全、完整和规范地运行，更无法保障养老保险基金保值增值。只有探索构建能够对养老保险基金进行远程监控和动态监督的计算机联网审计系统，促进养老保险基金审计模式由"单一审计 + 静态审计"向"联网核查 + 动态审计"的飞跃转变，增强审计机关利用联网审计技术审查问题、分析问题和解决问题的能力，才能够为提高养老保险基金审计效率提供有力保障，进而发挥养老保险基金在保障民生和促进经济发展等各方面的重要作用。本书基于审计信息化背景深入探究了养老保险基金联网审计系统的总体架构设计及其功能模块，有利于推进养老保险基金审计模式由传统审计向计算机联网审计的转型。

3. 养老保险基金联网审计系统总体架构设计应当考虑绩效评价功能

为客观、公正地评价审计机关开展养老保险基金联网审计所取得的工作成效,强化养老保险基金联网审计质量监督及其成本控制,必须探讨养老保险基金联网审计绩效评价问题。本书探索性地将绩效评价层纳入养老保险基金联网审计系统总体架构中,详细探讨了养老保险基金联网审计绩效评价的内容设计及其过程管理两大功能模块,丰富了养老保险基金联网审计系统的绩效评价功能。

4. 强化整体风险监控是养老保险基金联网审计安全监管的关键策略

安全监管应当贯穿于养老保险基金联网审计项目实施的整个过程,强化整体风险监控是养老保险基金联网审计安全监管的关键策略。在养老保险基金联网审计系统安全监管层中,不仅要考虑系统运行安全、网络安全、基础设施安全以及数据采集和数据存储等审计数据安全,还要充分利用审计预警技术构建养老保险基金联网审计系统风险监控模型。本书从事前审计风险预警、事中审计风险管控和事后审计风险治理三个层面构建了"三位一体"养老保险基金联网审计系统风险监控模型,对审计机关开展养老保险基金联网审计风险监控具有启示作用。

二　研究启示

在计算机联网审计方式下,审计机关可以同时对社保、财政和税务等相关行业部门中的联网单位实行批量审计,对同期目标数据展开横向关联对比,还可以对跨行业、跨地域和跨部门数据进行交叉比对、印证及审查分析,为现场审计提供明晰准确的审计线索,推动审计机关与政府部门之间实现信息共享,促进审计机关与社保、财政和税务等相关行业部门之间实现数据共享,缓解"信息孤岛"现象对审计工作效率的制约。随着互联网、大数据和人工智能等新兴技术与实体经济的深度融合,计算机联网技术将在养老保险基金审计领域中发挥着越来越大的作用。根据本书的研究过程和研究结论，可以得出如下三点研究启示：

1. 养老保险基金联网审计系统建构是一项复杂的信息化工程

养老保险基金联网审计系统建构是一项复杂的信息化工程，无法一蹴而就，而需要循序渐进，由政府部门、审计机关、被审计单位和计算机联网审计软件开发公司等多方共同努力建设，并在接受实践检验中逐步优化和完善。其一，政府相关部门需要加快出台专门的养老保险基金联网审计制度规范，明确养老保险基金联网审计系统建构标准与规范程序，并做好相关的政策引导、组织宣传和实施推广，加快部署运行，为这项复杂的信息化工程建设提供制度保障；其二，各级审计机关需要加强对审计人员进行计算机审计技能培训，大力培养计算机联网审计专业人才，并在实践中大力探索养老保险基金联网审计系统应用思路与实现方法；其三，被审计单位需要积极配合有关政府部门和审计机关开展的各项联网审计工作，加强本单位的信息化建设，提高信息化管理水平；其四，计算机联网审计软件开发公司需要严格履行与政府部门和审计机关签订的软件开发合同，遵守相关的保密承诺，与政府部门和审计机关共同协商软件开发及其应用方案等。此外，学术理论界还需要进一步加强养老保险基金联网审计系统建构方面的理论创新研究，为实务界开展养老保险基金联网审计实践提供相关的理论参考和借鉴。

2. 运用联网审计开展养老保险基金财务收支审计与绩效审计

随着绩效管理与绩效审计理念的深入发展和广泛推行，开展养老保险基金绩效审计将成为我国各级审计机关面临的一项重要任务。随着我国养老保险基金规模的日益壮大以及人口老龄化问题的日趋严重，养老保险基金保值增值的压力将越来越大，这必然导致养老保险基金投资压力越来越大，进而养老保险基金投资风险也将随之越来越大。这种形势必然要求审计机关加强对养老保险基金管理绩效和投资运营绩效的审计。但是，当前我国养老保险基金绩效审计方法还较滞后。加快绩效审计方法创新，提高养老保险基金绩效审计效率刻不容缓。因此，无论从养老保险基金审计方法理论创新的角度还是从养老保险基金审计方法实践探索的角度分析，运用计算机联网审计方法开展养老保险基金财务收支审计与绩效审计相结合审计，提高养老保险基金审计技术含量，推动养老保险基金审计信息化更好更快发展，都将是养老保险基金审计发展的一个必然趋势。

3. 在养老保险基金联网审计过程中有必要推行全面风险监管

任何事物的产生与发展都是风险与收益相伴的过程。当今科学技术日新月异，计算机联网审计在提高养老保险基金审计监管效率的同时也为其带了各种风险，例如系统运行风险、网络风险、基础设施风险以及在数据采集和数据存储等数据管理层面所产生的相关风险等。强化安全监管可以在一定程度上有效控制和防范养老保险基金联网审计风险，构建审计风险预警模型有利于实时预警、在线监测和动态跟踪养老保险基金联网审计风险，但这些策略都仅仅属于全面风险监管的个别内容而已。未来随着各地养老保险基金联网审计的全面开展与纵深推进，审计机关有必要在养老保险基金联网审计过程中推行全面风险监管。所谓全面风险监管是指根据养老保险基金联网审计的总体目标，建立健全养老保险基金联网审计全面风险监管体系，包括全面制定养老保险基金联网审计各阶段的审计风险监管策略与风险应对方案、构建专门的养老保险基金联网审计风险监管信息系统（包括各类审计风险预警、审计风险控制与动态监测模型）以及针对在被审计单位信息系统审计和内部控制测试过程中可能发生的相关风险制定相应的风险监管策略等，从而促进养老保险基金联网审计总体目标得以有效实现的过程。

第二节　主要创新与研究局限

一　主要创新

社会保障制度是保障国民福利与调节社会分配的一项重要制度。养老保障是我国社会保障制度的核心，审计信息化是信息化时代我国养老保险基金审计事业发展的必然趋势，强化养老保险基金联网审计理论创新研究，对推动审计信息化的理论发展具有重要作用。本书研究符合国家关于计算机联网审计相关政策的需求，与我国养老保险基金审计技术与审计方法发展趋势相互接轨，且符合"十三五"科技发展时期我国养老保险基金审计业务新形势新发展的基本要求。具体而言，本书基于审计信息化背景深入地探究了养老保险基金联网审计系统建构问题，在主要研究内容与学术观点方面的特色与创新之处体现在如下五个方面：

1. 建立了养老保险基金联网审计理论框架，完善了相关领域的研究体系

当前，养老保险基金联网审计属于一个较新的研究领域。我国在养老保险基金联网审计领域积累的研究文献较少，基于审计信息化背景探究养老保险基金联网审计系统建构的研究成果更为稀缺，而仅有的一些研究也较为分散，且缺乏完整的理论框架和研究体系。本书在系统地梳理、归纳、总结和评述国内外相关文献的基础

上对养老保险基金联网审计系统建构的基础理论、涉及的关键概念与主要特征、养老保险基金联网审计的基本原理进行了理论概述，尤其重新界定了计算机联网审计、养老保险基金联网审计的基本概念，并提出了自己的学术见解，建立了养老保险基金联网审计理论框架。这有利于拓展和丰富养老保险基金联网审计理论研究文献，还有利于完善养老保险基金联网审计领域的理论研究体系。

2. 构建了养老保险基金联网审计方法体系，对现有文献进行了重要补充

本书研究认为，养老保险基金联网审计方法不是孤立零散的独立方法，而需要构建一个系统的方法体系，明晰地界定养老保险基金联网审计方法的内容框架。但是，当前审计机关在养老保险基金联网审计实践中并未建立起完整的审计方法体系，现有研究中也尚无文献对养老保险基金联网审计方法体系展开研究。鉴于此，本书结合养老保险基金联网审计的重点内容以及养老保险基金业务经办的基本流程，构建了由一级目录、二级目录和三级目录所组成的养老保险基金联网审计方法体系，详细界定了每种方法对应的重点审计事项，为审计机关开展养老保险基金联网审计实践提供了基本的审计方法内容框架，从而有助于审计机关把握养老保险基金征缴、支付和管理审计等各项审计重点中的审计覆盖节点。

3. 提出了数据挖掘程序，丰富了养老保险基金联网审计的关键技术研究

关于养老保险基金联网审计关键实现技术的研究，学者们较少探讨数据挖掘技术的应用与实现，而本书在养老保险基金联网审计系统基础应用层中，详细地提出了养老保险基金联网审计数据挖掘的基本思路与程序，这不仅丰富了养老保险基金联网审计的关键实

现技术研究，还为现有研究提供了一个新的视角。

4. 将绩效评价纳入养老保险基金联网审计系统，补充了现有文献的不足

已有的相关研究忽略了借助计算机联网审计方式辅助审计机关开展审计绩效评价与绩效管理工作，即尚无文献在养老保险基金联网审计系统总体架构设计中考虑到了设计审计绩效评价这一功能模块的必要性和重要性。本书填补了这个研究缺口，将绩效评价层纳入养老保险基金联网审计系统总体架构设计中，从审计成果和审计成本两方面详细探讨了养老保险基金联网审计绩效评价的具体内容，提出构建审计绩效评价指标数据库、审计绩效评价标准数据库和审计绩效评价方法数据库三大基础数据库，并从六大环节分析了养老保险基金联网审计绩效评价的基本程序。这种系统架构设计理念充分彰显了党的十九大报告提出的"全面实施绩效管理"这一政策要求，还有利于补充现有文献的研究不足。

5. 构建了养老保险基金联网审计风险监控模型，凸显了本书研究特色

以往研究主要侧重于分析某种或多种安全技术在养老保险基金联网审计系统安全监管中的应用，而本书在养老保险基金联网审计系统安全监管层中，不仅深入分析了网络安全技术、基础设施安全技术、审计数据传输和审计数据存储方面的安全技术以及相关的安全监管策略，还基于整体风险监控视角构建了事前审计风险预警、事中审计风险管控和事后审计风险治理"三位一体"的养老保险基金联网审计整体风险监控模型，从而凸显了本书研究中的一个重要特色。

此外，本书的研究方法也具有新颖性，主要体现在两个方面：

一方面，采用主体分析法对养老保险基金联网审计系统的总体架构部分进行研究。基于宏观角度，从基础设施层、数据管理层、基础应用层、绩效评价层和安全监管层五个层面深入探究了养老保险基金联网审计系统的总体架构设计；基于中观角度，对各个层面系统架构中的功能模块进行分析；基于微观角度，对各个功能模块的基本功能及其包含的主要内容展开详细分析。另一方面，采用演绎推理法对养老保险基金联网审计的实现流程与效果评估问题进行研究。运用逻辑思维规则，根据计算机联网审计以及养老保险基金审计基本程序，结合养老保险基金联网审计特质间接推理养老保险基金联网审计实现流程。结合一般审计项目效果评估以及养老保险基金联网审计特征探索养老保险基金联网审计效果评估指标与方法。

二　研究局限

我国在养老基金联网审计方面的理论研究起步较晚，大部分研究属于理论性阐述，在养老基金联网审计系统建构方面的应用性研究成果更缺乏，且理论研究跟不上实务发展步伐，即存在理论研究与实务发展相脱节的现象。本书基于审计信息化背景研究养老保险基金联网审计系统建构，有助于推动养老保险基金审计技术与审计方法创新，促进养老保险基金动态审计和实时审计，进一步提升养老保险基金审计监管质量与审计效率，促进养老保险基金审计理论与实务研究相互融合、共同发展，为审计机关探索养老保险基金联网审计实践提供相关的理论参考与借鉴。然而，本书尽管对养老保险基金联网审计系统建构问题进行了较为深入的研究和探讨，并得出了较重要的研究结论和研究启示，但仍具有局限性：一方面，本书提出了审计数据挖掘思路和程序，但尚未构建养老保险基金联网审计数据挖掘模型；另一方面，本书基于"成本—效益"静态视角探讨了养老保险基金联网审计效果评估，但未从养老保险基金联网审计项目实施动态角度探究动态评估方法。具体而言，本书的研究局限体现在如下两个方面：

1. 尚未构建养老保险基金联网审计数据挖掘模型

在养老保险基金联网审计系统基础应用层的研究中，关于审计数据挖掘功能模块的分析，本书提出了审计数据挖掘的基本思路和程序，探讨了审计数据挖掘建模分析思路，但受限于笔者现有能力，未能深入分析养老保险基金联网审计数据挖掘模型的构建及其实现方法，寄希望于在后续研究中展开进一步探究。

2. 未能探究养老保险基金联网审计效果动态评估

关于养老保险基金联网审计效果评估方法的探讨，本书主要基于"成本—效益"静态分析视角对养老保险基金联网审计效果（经济可行性）进行了探索性研究，并未从养老保险基金联网审计项目实施动态角度探究动态评估方法的运用。随着联网技术的迅速发展，从动态评估视角构建与我国养老保险基金联网审计特征相适应的审计效果动态评估方法是笔者在后续研究中重点关注的方向。

第三节　未来研究展望

目前，计算机联网审计受到审计署、地方各级审计机关、实务界和学术理论界高度关注。本书研究有助于加快审计信息化时代我国养老保险基金审计技术与审计方法深化改革与创新，助推养老保险基金审计实现全覆盖，从而更好地发挥养老保险在保障民生、维护社会和谐和促进经济社会发展中的重要作用。全面实现审计信息化是审计技术与审计方法创新最重要的解决策略。大力探索计算机联网审计技术的应用途径与实现方法是我国审计信息化建设的重要目标。为此，基于我国计算机联网审计实践进一步推进计算机联网审计理论研究具有重要的现实意义，尤其对养老保险基金联网审计而言，目前在国内仍属于一个较新的研究领域，未来学者对该领域的研究还可以从如下三个方面进一步展开深化：

1. 进一步探究数据挖掘技术在养老保险基金联网审计中的应用方法

21 世纪迎来了大数据时代，数据挖掘技术在大数据审计中将发挥着越来越重要的作用。数据挖掘技术作为大数据分析处理的关键实现技术，能够极大地提高养老保险基金审计效率，辅助审计机关准确地做出审计判断，提高审计决策效率。然而，在理论研究方面，目前较少学者深入探究数据挖掘技术在养老保险基金联网审计中的应用；在实务探索方面，当前我国各级审计机关在养老保险基金联网审计中运用数据挖掘技术开展审计业务的整体经验尚不足。为此，亟须研究在大数据环境下深入探究数据挖掘技术在养老保险基金联网审计中的应用途径与实现方法，进一步探究关于养老保险基金联网审计数据挖掘建模分析的基本原理、模型构建与实现方法，为审计机关开展相关实践提供理论参考和借鉴。

2. 进一步加强养老保险基金联网审计风险预警与审计风险控制研究

信息化时代，审计机关开展养老保险基金联网审计将面临各种风险，包括系统运行风险和数据管理风险等。未来研究应当进一步加强养老保险基金联网审计风险预警与审计风险控制研究，通过构建能够对审计风险进行实时预警、在线监测和动态跟踪的养老保险基金联网审计风险预警和风险控制模型，抵御养老保险基金联网审计系统运行风险，控制养老保险基金联网审计在数据采集等数据管理层面上的各种风险，辅助审计机关安全有效地开展养老保险基金联网审计实践。

3. 建立健全养老保险基金联网审计项目实施效果动态评估方法体系

审计效果评估与养老保险基金联网审计系统建构问题息息相关。如何有效评估养老保险基金联网审计项目实施效果成为当前政府相关部门及其决策者十分重视的问题，也是各级审计机关开展养老保险基金联网审计实践必然遇到的现实问题。目前，我国尚缺乏养老保险基金联网审计项目实施效果动态评估方法体系和相应的评估标准，这有待未来进一步深化这方面的研究。例如，探索构建养老保险基金联网审计效果评估模型，通过评估模型对养老保险基金联网审计项目实施效果展开动态评估和预测，以兼顾审计项目实施中已实现的效果和预期效果。

主要参考文献

［1］曹洪泽、刘强：《联网审计及其关键技术研究》，《北京理工大学学报》2006 年第 7 期。

［2］昌忠泽：《人口老龄化的经济影响——对文献的研究和反思》，《财贸研究》2018 年第 2 期。

［3］陈留平、刘艳梅：《XBRL 应用对持续审计的影响》，《财会通讯》2011 年第 3 期。

［4］陈伟、QIU Robin：《审计软件现状及发展趋势研究》，《计算机科学》2009 年第 2 期。

［5］陈伟、Smieliauskas Wally（2012a）：《云计算环境下的联网审计实现方法探析》，《审计研究》2012 年第 3 期。

［6］陈伟、Smieliauskas Wally（2012b）：《联网审计的绩效评价方法：基于 RC 和 AHP 的组合应用》，《系统工程理论与实践》2012 年第 8 期。

［7］陈伟、Smieliauskas Wally、刘思峰（2012a）：《联网审计绩效评价影响因素的灰色关联分析》，《计算机应用研究》2012 年第 2 期。

［8］陈伟、Smieliauskas Wally、刘思峰（2012b）：《联网审计绩效的动态评价方法：基于 AHP 和 GM（1，1）的组合应用》，

《计算机科学》2012 年第 7 期。

［9］陈伟、刘思峰：《基于 BCP 视角的联网审计风险控制》，《工业技术经济》2007 年第 10 期。

［10］陈伟、尹平：《基于成本效益视角的联网审计可行性分析》，《审计与经济研究》2007 年第 1 期。

［11］陈伟：《一种基于 AHP 的联网审计绩效评价方法》，《审计与经济研究》2011 年第 5 期。

［12］陈旭、冀程浩：《基于区块链技术的实时审计研究》，《中国注册会计师》2017 年第 4 期。

［13］邓大松、陈文娟、王增文：《论中国的养老风险及其规避》，《经济评论》2008 年第 2 期。

［14］丁淑芹：《大数据环境下审计变革研究》，《财会通讯》2015 年第 22 期。

［15］丁洋、郑江淮：《中国人口老龄化会减少住房需求吗?》，《中国软科学》2018 年第 2 期。

［16］樊芬霞：《养老保险金计算机辅助审计的实践》，《中国农业会计》2009 年第 4 期。

［17］范洪敏、穆怀中：《人口老龄化会阻碍中等收入阶段跨越吗?》，《人口研究》2018 年第 1 期。

［18］甘卓霞：《社会养老保险基金绩效审计评价指标的框架设计》，《会计师》2012 年第 5 期。

［19］耿余辉、张程：《审计机关开展联网审计工作之思考》，《审计月刊》2009 年第 9 期。

［20］龚永勇：《搭建联网审计平台构建财政审计大格局》，《审计月刊》2010 年第 5 期。

[21] 巩仕和:《企业职工养老保险联网审计系统分析设计》,《电子科技大学》2014 年。

[22] 郭丹丹:《社保基金联网审计的应用分析》,《商业会计》2015 年第 1 期。

[23] 韩庆兰、刘沙:《养老保险基金绩效审计评价体系的构建》,《新会计》2011 年第 8 期。

[24] 侯尧文、曹广明:《社会保险基金管理绩效审计评价体系的构建》,《审计研究》2007 年第 5 期。

[25] 黄冠华:《XBRL 环境下联网审计风险量化评估研究——基于 ANP – FCE 方法》,《中国注册会计师》2018 年第 2 期。

[26] 黄冠华(2016a):《区块链改进联网审计途径研究》,《财政科学》2016 年第 10 期。

[27] 黄冠华(2016b):《区块链改进联网审计途径研究》,《中国注册会计师》2016 年第 12 期。

[28] 黄娟、胡乐明:《新养老保障理论与政策——中国经济社会发展智库第 2 届高层论坛综述》,《马克思主义研究》2010 年第 2 期。

[29] 黄茂海:《大数据下养老保险基金联网审计系统构建》,《财政监督》2017 年第 24 期。

[30] 黄巧妙、吕天阳、庞琦:《趋势分析法在基本养老保险效益审计中的应用》,《审计研究》2009 年第 4 期。

[31] 姜梅、吴万春、邢金荣等:《社会保障基金联网审计的应用研究》,《审计研究》2007 年第 4 期。

[32] 姜梅、邢金荣:《社会保障基金联网审计的关键技术研究》,《中国管理信息化》2008 年第 3 期。

［33］金文、张金城：《联网审计的网络安全技术方案研究》，《审计研究》2006 年第 3 期。

［34］李平恩：《浅议联网审计》，《中国管理信息化》2011 年第 24 期。

［35］李倩：《项目投资联网审计实现途径研究》，《财会通讯》2017 年第 16 期。

［36］梁芬莲：《从审计角度剖析职工养老保险基金和失业保险基金存在的问题及对策》，《财会研究》2005 年第 1 期。

［37］廖志芳、樊晓平、谢岳山：《计算机联网审计组网模式的建立》，《计算机应用》2006 年第 4 期。

［38］林忠华：《联网审计：困难与对策》，《开放导报》2016 年第 3 期。

［39］刘凤翔、蒋开颜、王国清：《多维分析技术在地税联网审计中的应用》，《审计月刊》2009 年第 8 期。

［40］刘凤翔、唐德云：《编写 AO 审计方法实现企业职工基本养老保险基金自动审计》，《审计月刊》2006 年第 9 期。

［41］刘凌峰：《浅议企业职工基本养老保险基金计算机辅助审计》，《经济研究导刊》2011 年第 10 期。

［42］刘陆军、王华永：《养老保险基金审计的对策》，《中国审计》2004 年第 7 期。

［43］刘文敬：《试论养老保险基金绩效审计评价指标的构建》，《中国乡镇企业会计》2013 年第 4 期。

［44］刘学良：《中国养老保险的收支缺口和可持续性研究》，《中国工业经济》2014 年第 9 期。

［45］刘誉泽：《我国非现场审计理念及实践路径研究》，《审计研

究》2017 年第 2 期。

[46] 柳清瑞、孙宇：《人口老龄化、老年就业与年龄管理——欧盟国家的经验与启示》，《经济体制改革》2018 年第 1 期。

[47] 龙子午、王云鹏：《大数据时代对 CPA 审计风险与审计质量的影响探究》，《会计之友》2016 年第 8 期。

[48] 罗忠莲：《社保基金联网审计的应用困境及对策研究》，《会计之友》2012 年第 11 期。

[49] 吕新民、王学荣：《数据挖掘在审计数据分析中的应用研究》，《审计与经济研究》2007 年第 6 期。

[50] 吕祯琳：《养老保险基金绩效审计问题探析》，《财经界（学术版）》2015 年第 11 期。

[51] 马驭、秦光荣、何晔晖等：《关于应对人口老龄化与发展养老服务的调研报告》，《社会保障评论》2017 年第 1 期。

[52] 孟春艳、朱宪花：《AHP 在联网审计系统中的应用》，《山东农业大学学报（自然科学版）》2010 年第 3 期。

[53] 钮铭钢：《运用 AO 实施职工养老保险基金审计》，《审计与理财》2011 年第 1 期。

[54] 欧阳奕：《我国养老保险基金审计中存在的问题与对策研究》，博士学位论文，湘潭大学，2007 年。

[55] 潘烁：《联网审计适用范围探析》，《审计月刊》2010 年第 11 期。

[56] 秦荣生：《大数据、云计算技术对审计的影响研究》，《审计研究》2014 年第 6 期。

[57] 卿智群、范芳文：《社会养老保险基金效益审计的探讨》，《中国审计》2004 年第 9 期。

［58］邱玉慧、吕天阳、杨蕴毅：《基于大数据的企业基本养老保险待遇调整绩效审计分析——以 X 省为例》，《审计研究》2014年第 3 期。

［59］陕西省审计厅课题组：《企业职工养老保险基金联网审计系统的构建和应用》，《现代审计与经济》2014 年第 5 期。

［60］商建波：《养老保险基金联网审计系统构建研究》，山东大学2009 年。

［61］沈先钊、许立志：《审计信息系统联网审计模式浅析》，《当代经济》2009 年第 1 期。

［62］审计署兰州特派办理论研究会课题组：《大型审计项目组织方式的实践经验和创新思路》，《审计研究》2015 年第 2 期。

［63］施青林：《浅论养老保险基金存在的问题与审计对策》，《武汉工业学院学报》2003 年第 4 期。

［64］施青林：《养老保险基金管理中存在的问题及审计对策》，《审计月刊》2004 年第 1 期。

［65］宋良荣、朱英梅：《我国养老保险绩效审计初探》，《财会月刊》2007 年第 4 期。

［66］宋英：《联网审计初探》，《审计与理财》2011 年第 8 期。

［67］隋玉明：《基本养老保险基金审计问题研究》，《经济界》2015 年第 1 期。

［68］孙琳：《联网审计在社会保障金领域的应用改进研究》，《财会通讯》2017 年第 10 期。

［69］谭美珍：《浅析我国养老保险基金绩效审计中存在的问题及对策》，《现代经济信息》2016 年第 4 期。

［70］童纪新、龚剑峰：《我国基本养老保险基金绩效审计评价研

究——基于 BSC 与 D – S 理论视角》，《财会通讯》2016 年第 1 期。

[71] 王刚：《关于联网审计的几个基本问题》，《现代审计与经济》 2006 年第 2 期。

[72] 王光远：《受托管理责任与管理审计》，中国时代经济出版社 2004 年。

[73] 王会金：《中观信息系统审计风险控制体系研究——以 COBIT 框架与数据挖掘技术相结合为视角》，《审计与经济研究》 2012 年第 1 期。

[74] 王灵宇、孙天竹：《会计结算中心联网审计系统设计》，《信息技术》2011 年第 7 期。

[75] 王琦峰、王建峰、孙琪：《面向电子政务环境的联网审计模式与支撑平台研究》，《计算机系统应用》2009 年第 8 期。

[76] 王淑梅：《审计关系的理论分析：受托责任还是委托代理》，《税务与经济》2008 年第 3 期。

[77] 王万民、刘俊平：《基本养老保险基金运用计算机审计的一些方法》，《现代审计与经济》2007 年第 S1 期。

[78] 汪伟：《人口老龄化、养老保险制度变革与中国经济增长——理论分析与数值模拟》，《税务与经济》2012 年第 10 期。

[79] 王振莉：《联网审计中的审计预警技术探析》，《南京审计学院学报》2011 年第 4 期。

[80] 武海平、余宏亮、郑纬民等：《联网审计系统中海量数据的存储与管理策略》，《计算机学报》2006 年第 4 期。

[81] 谢岳山：《联网环境下信息系统审计的体系架构》，《审计研究》2009 年第 5 期。

［82］谢岳山：《数据挖掘技术在联网审计中的应用研究》，博士学位论文，中南大学，2013 年。

［83］徐淑萍：《浅谈职工基本养老保险基金审计中存在问题及对策》，《中外企业家》2015 年第 1 期。

［84］徐筱凤：《养老保险基金隐性债务审计的问题与策略》，《新会计》2011 年第 7 期。

［85］许金叶、鲁梅静：《基于区块链的联网审计框架探讨》，《会计之友》2017 年第 21 期。

［86］杨绮、陈伟：《基于云计算的大型体育建设项目联网审计方法研究》，《财会通讯》2014 年第 2 期。

［87］杨雅莉：《对养老金绩效审计的一点思考》，《宁波职业技术学院学报》2013 年第 6 期。

［88］杨蕴毅、孙中和、卢靖：《基于迭代式聚类的审计疑点发现——以上市公司财报数据为例》，《审计研究》2015 年第 4 期。

［89］俞校明：《云时代大数据下的审计新常态》，《财会月刊》2015 年第 8 期。

［90］虞安军、邹龙赣、石锦红：《联网审计系统数据安全性关键技术研究》，《交通企业管理》2011 年第 11 期。

［91］喻丽、王丽琳：《我国社会养老保险基金审计重点初探》，《南京审计学院学报》2006 年第 3 期。

［92］袁世泽：《浅谈基本养老保险基金审计》，《会计之友》2007 年第 11 期。

［93］袁曙：《区块链技术在企业联网审计中的应用》，《财会通讯》2018 年第 7 期。

［94］张春伟：《基层开展联网审计的困难及对策》，《审计月刊》

2009 年第 7 期。

［95］张永杰、罗忠莲：《审计部门绩效评价：内涵、框架与应用》，《会计与经济研究》2015 年第 6 期。

［96］张永杰、罗忠莲：《养老保险基金联网审计困境及出路》，《财会月刊》2015 年第 32 期。

［97］张永杰、罗忠莲：《养老基金云审计系统的构建》，《审计研究》2017 年第 3 期。

［98］张永杰：《社保资金联网审计系统构建初探》，《财会月刊》2014 年第 11 期。

［99］张永杰：《信息化环境下社保基金联网审计的应用研究》，《审计研究》2012 年第 5 期。

［100］张永杰：《云计算视域下养老保险基金联网审计系统建构分析》，《审计研究》2015 年第 5 期。

［101］赵华、谭健：《计算机审计模型在机构养老政策绩效审计中的应用》，《审计月刊》2014 年第 8 期。

［102］郑秉文：《中国养老金发展报告 2014——向名义账户制转型》，经济管理出版社 2014 年版。

［103］郑功成、郭林：《中国社会保障推进国家治理现代化的基本思路与主要方向》，《社会保障评论》2017 年第 3 期。

［104］郑功成：《理性深化养老保险制度改革》，《中国人民大学学报》2015 年第 3 期。

［105］郑功成：《中国社会保障改革与经济发展：回顾与展望》，《中国人民大学学报》2018 年第 1 期。

［106］郑功成：《中国养老保险制度的风险在哪里》，《中国金融》2010 年第 17 期。

［107］ 郑睿青：《浅议计算机联网审计》，《中外企业家》2011 年第 10 期。

［108］ 郑卫：《目前联网审计遇到的难点问题及解决办法》，《中国管理信息化》2010 年第 13 期。

［109］ 朱红云：《养老保险金审计面临的问题及措施》，《陕西审计》2004 年第 1 期。

［110］ 宗勇：《养老保险基金计算机审计方法简述》，《理财》2014 年第 3 期。

［111］ Aliende J M. The Audit Courts and Social Security in European Comparative Law. *International Social Security Review*, 1982, 35 (1): 78 – 91.

［112］ Alles M, Brennan G, Kogan A, et al. Continuous Monitoring of Business Process Controls: A Pilot Implementation of a Continuous Auditing System at Siemens. *International Journal of Accounting Information Systems*, 2006, 7 (2): 137 – 161.

［113］ Amin H, Mohamed E. Auditors' Perceptions of the Impact of Continuous Auditing on the Quality of Internet Reported Financial Information in Egypt. *Managerial Auditing Journal*, 2016, 31 (1): 111 – 132.

［114］ Best P J, Mohay G, Anderson A. Machine – Independent Audit Trail Analysis – a Tool for Continuous Audit Assurance. *Intelligent Systems in Accounting*, Finance and Management, 2004, 12 (2): 85 – 102.

［115］ Boritz J E, No W G. Computer – Assisted Functions for Auditing XBRL – Related Documents. *Journal of Emerging Technologies in*

Accounting, 2016, 13 (1): 53 – 83.

[116] Braun R L, Davis H E. Computer – Assisted Audit Tools and Techniques: Analysis and Perspectives. *Managerial Auditing Journal*, 2003, 18 (9): 725 – 731.

[117] Chan D Y, Vasarhelyi M A. Innovation and Practice of Continuous Auditing. *International Journal of Accounting Information Systems*, 2018, 1 (2): 271 – 283.

[118] Chen Y, Ge R, Zolotoy L. Do Corporate Pension Plans Affect Audit Pricing? . *Journal of Contemporary Accounting & Economics*, 2017, 13 (3): 322 – 337.

[119] Chou C L, Du T, Lai V S. Continuous Auditing with a Multi – Agent System. *Decision Support Systems*, 2007, 42 (4): 2274 – 2292.

[120] Comprix J, Guo J, Zhang Y, et al. Setting Expected Rates of Return on Pension Plan Assets: New Evidence on the Influence of Audit Committee Accounting Experts. *Research in Accounting Regulation*, 2017, 29 (2): 159 – 166.

[121] Cullinan C P. Audit Pricing in the Pension Plan Audit Market. *Accounting and Business Research*, 1997, 27 (2): 91 – 98.

[122] Du H, Roohani S. Meeting Challenges and Expectations of Continuous Auditing in the Context of Independent Audits of Financial Statements. *International Journal of Auditing*, 2007, 11 (2): 133 – 146.

[123] Flowerday S, Blundell A W, Solms R V. Continuous Auditing Technologies and Models: A Discussion. *Computers and Security*,

2006, 25 (5): 325 – 331.

[124] Gonzalez G C, Sharma P N, Galletta D F. The Antecedents of the Use of Continuous Auditing in the Internal Auditing Context. *Managerial Auditing Journal*, 2012, 13 (3): 248 – 262.

[125] Hong P K, Hwang S. Fair Value Disclosure of Pension Plan Assets and Audit Fees. *Advances in Accounting*, 2018, 41 (1): 88 – 96.

[126] Houmes R. Cost of Equity, Pension Intensity Risk and Audit Quality: An Empirical Examination of Their Relations. Working Paper, 2017.

[127] Hu K H, Chen F H, We W J. Exploring the Key Risk Factors for Application of Cloud Computing in Auditing. *Entropy*, 2016, 18 (8): 401 – 402.

[128] Jensen M C, Meckling W H. Theory of the Firm: Managerial Behavior, Agency Costs and Ownership Structure. *Journal of Financial Economics*, 1976, 3 (4): 305 – 360.

[129] Kogan A, Alles M G, Vasarhelyi M A, et al. Design and Evaluation of a Continuous Data Level Auditing System. *Auditing: A Journal of Practice & Theory*, 2014, 33 (4): 221 – 245.

[130] Kogan A, Sudit E F, Vasarhelyi M A. Continuous Online Auditing: A Program of Research. *Journal of Information Systems*, 1999, 1 (2): 87 – 103.

[131] Kuhn J R, Sutton S G. Continuous Auditing in ERP System Environments: The Current State and Future Directions. *Journal of Information Systems*, 2010, 24 (1): 91 – 112.

[132] Li S H, Huang S M, Lin Y. Developing A Continuous Auditing Assistance System Based on Information Process Models. *Journal of Computer Information Systems*, 2007, 48 (1): 2 – 13.

[133] Malaescu I, Sutton S G. The Reliance of External Auditors on Internal Audit's Use of Continuous Audit. *Journal of Information Systems*, 2015, 29 (1): 95 – 114.

[134] Masry E, Reck J L. Continuous Online Auditing as a Response to the Sarbanes - Oxley Act. *Managerial Auditing Journal*, 2008, 23 (8): 779 – 802.

[135] Moeakiola S. Audit Pricing in the Pension Plan Audit Market: An Empirical Study on the New Zealand KiwiSaver Characteristics, Audit Market Factors, Non – Audit Services and Board Governance. Massey University, 2014.

[136] Murthy U S, Groomer S M. A Continuous Auditing Web Services Model for XML – Based Accounting Systems. *International Journal of Accounting Information Systems*, 2004, 5 (2): 139 – 163.

[137] Pathak J, Chaouch B, Sriram R S. Minimizing Cost of Continuous Audit: Counting and Time Dependent Strategies. *Journal of Accounting and Public Policy*, 2005, 24 (1): 61 – 75.

[138] Rezaee Z, Elam R, Sharbatoghlie A. Continuous Auditing: The Audit of the Future. *Managerial Auditing Journal*, 2001, 16 (3): 150 – 158.

[139] Saranya V, Kumar R, Nalini T. A Study on the Public Auditing Mechanisms for Privacy Preserving and Maintaining Data Integrity in Cloud Computing. *International Journal of Database Theory and*

Application, 2016, 9 (6): 103 – 108.

[140] Schoo P, Fusenig V, Souza V, et al. Challenges for Cloud Networking Security. *International Conference on Mobile Networks and Management.* Springer Berlin Heidelberg, 2010: 298 – 313.

[141] Shin I, Lee M, Park W. Implementation of the Continuous Auditing System in the ERP – Based Environment. *Managerial Auditing Journal*, 2013, 28 (7): 592 – 627.

[142] Sookhak M, Gani A, Khan M K, et al. Dynamic Remote Data Auditing for Securing Big Data Storage in Cloud Computing. *Information Sciences*, 2017, 380 (20): 101 – 116.

[143] Van der Aalst W, Van Hee K M, Van der Werf J M, et al. Conceptual Model for Online Auditing. *Decision Support Systems*, 2011, 50 (3): 636 – 647.

[144] Vasarhelyi M A, Halper F B. The Continuous Audit of Online Systems. *Auditing: A Journal of Practice and Theory*, 1991, 2 (1): 110 – 125.

[145] Warren D, Smith M. Continuous Auditing: An Effective Tool for Internal Auditors. Working Paper, 2006.

[146] Woodroof J, Searcy D W. Continuous Audit: Model Development and Implementation Within a Debt Covenant Compliance Domain. *International Journal of Accounting Information Systems*, 2001, 2 (3): 169 – 191.

[147] Yang K, Jia X. An Efficient and Secure Dynamic Auditing Protocol for Data Storage in Cloud Computing. *IEEE Transactions on Parallel and Distributed Systems*, 2013, 24 (9): 1717 – 1726.

［148］ Ye H, He Y, Xiang Z. Continuous Auditing System Based on Registration Center. *Science*, 2008, 5 (5): 746 – 755.

［149］ Yoshida H. An Auditing of Social Security Related Programs and Its Prospects – Comments on the FY 2003 Audit Report. *Government Auditing Review*, 2006, 13 (1): 35 – 48.

［150］ Zhang J, Yang X, Appelbaum D. Toward Effective Big Data Analysis in Continuous Auditing. *Accounting Horizons*, 2015, 29 (2): 469 – 476.